自主共生支持

名校长、名教师成长机制透视

陈兆兴 宋春燕 / 著

·广州·

版权所有　翻印必究

图书在版编目（CIP）数据

自主·共生·支持：名校长、名教师成长机制透视/陈兆兴，宋春燕著. —广州：中山大学出版社，2021.10
ISBN 978-7-306-07329-7

Ⅰ.①自…　Ⅱ.①陈…　②宋…　Ⅲ.①师资队伍建设—研究　Ⅳ.①G451.2

中国版本图书馆 CIP 数据核字（2021）第 179407 号

ZIZHU·GONGSHENG·ZHICHI：MINGXIAOZHANG、MINGJIAOSHI CHENGZHANG JIZHI TOUSHI

出 版 人：	王天琪
策划编辑：	张　蕊
责任编辑：	张　蕊
封面设计：	曾　婷
责任校对：	陈　莹
责任技编：	靳晓红
出版发行：	中山大学出版社
电　　话：	编辑部 020 - 84111997，84113349，84110283，84110779，84110776
	发行部 020 - 84111998，84111981，84111160
地　　址：	广州市新港西路 135 号
邮　　编：	510275　　　传　真：020 - 84036565
网　　址：	http：//www.zsup.com.cn　E-mail：zdcbs@mail.sysu.edu.cn
印 刷 者：	广东虎彩云印刷有限公司
规　　格：	890mm×1240mm　1/32　6.5 印张　200 千字
版次印次：	2021 年 10 月第 1 版　2021 年 10 月第 1 次印刷
定　　价：	28.00 元

如发现本书因印装质量影响阅读，请与出版社发行部联系调换

前言

美国著名心理学家戴维·麦克利兰（David McClelland）曾提出著名的素质冰山模型。他将人的内在属性看作一座冰山：冰山上的可见部分代表了个体所掌握的基本知识、技能和经验，这部分的占比只是很小的一部分；而那些看不见的、深藏在冰山以下的个人属性，占比较大，是最为隐蔽的部分，且其产生的影响也更为巨大，包括了内驱力、社会动机、个性品质、态度等。两者相比而言，冰山下的个人属性不易被人察觉或测量，也难以改变和评价，却对人的行为表现起着决定性的作用。对于每一位刚刚走上教育事业道路的个体来说，在提高素质、加速成长的过程中，内在因素往往起主要作用，是加速自身成长的关键。此外，教师个体的发展须经历不同的人生阶段，且在每个阶段均会面临一些来自社会环境的要求、任务或挑战，而个体的成长往往就在这些要求、任务或挑战与个体身心特征的交互作用中实现。

在本书撰写的初期，研究团队以探索名校长、名教师成长规律及建立名校长、名教师成长机制为参考依据，对名校长、名教师成长的影响因素、路径、条件等进行了问卷调查。调查对象均为参加省、市名校长、名教师培养对象的培训班学员。同时，笔者曾带领团队对在珠三角有一定影响力的20多位省、市名校长、名教师进行了深入访谈。本书中的名教师、名校长是由政府或教育行政部门公布的正式文件中具有名教师、名校长称号的教师。

这些名校长和名教师在区域教育中有着一定的影响力,并在教育教学领域取得了骄人的成绩与荣誉。他们的教师生涯成长经历较为典型,且各自拥有独特的闪光点,无论是指向内心,抑或是向外折射。在与他们的访谈中,我们尝试通过深度访谈和生活史叙述来探索教师生涯成长经历中的规律、机制问题。

目 录

第一部分 自主是名校长、名教师成长的源动力

第一章 在被动选择中主动适应 ········· 2
一、从被动转化为主动 ················· 2
二、培养职业兴趣坚定自我 ··········· 8

第二章 在守望理想中形成职业信念 ···· 13
一、理解教师的意义世界 ············· 13
二、树立教育事业的理想 ············· 23
三、建立教师的职业观 ··············· 26
四、形成专业成长的自觉性 ··········· 29
五、感受自己的职业获得感 ··········· 33

第三章 在坚持行动中自我完善 ········· 37
一、以开放式学习丰富自己的知识体系 ··· 38
二、在不断实践中锻炼自我成长能力 ····· 45
三、在坚持反思中提升自我素养 ········· 58

第四章　在不断创造中自我超越 …… 62
一、优质教育呼唤办学思想的凝练 …… 62
二、科研助力教育思想的构建 …… 71
三、聚焦课堂彰显教学风格 …… 81

第二部分　共生是名校长、名教师成长的外铄

第五章　从他人指导中汲取成长养分 …… 86
一、互动性重要他人产生的影响 …… 88
二、偶像性重要他人产生的影响 …… 92

第六章　从生态环境中建构学习共同体 …… 94
一、工作室学习共同体 …… 95
二、同伴学习共同体 …… 96
三、网络学习共同体 …… 97

第七章　从关键事件中发现成长机会 …… 102
一、对关键事件进行思考与解读 …… 102
二、面对关键事件须慎重选择 …… 109
三、挖掘关键事件的价值 …… 112

第八章　从自我成长中帮助他人成长 …… 114
一、以身作则，示范引领 …… 114
二、鼓励，激发团队成员潜力 …… 120
三、助力，发挥团队的作用 …… 127

第三部分　支持是名校长、名教师成长的助力系统

第九章　系统性的培养制度是成长的主要保障 ⋯⋯⋯⋯ 132
　　一、高质量人才培养工程推动教师进入成长快车道
　　　⋯⋯⋯⋯⋯⋯⋯⋯⋯⋯⋯⋯⋯⋯⋯⋯⋯⋯⋯⋯⋯ 132
　　二、多样化的培训形式促进教师全方位成长 ⋯⋯⋯ 142

第十章　激励性政策是成长的催化剂 ⋯⋯⋯⋯⋯⋯⋯⋯ 149
　　一、职称制度对教师的激励 ⋯⋯⋯⋯⋯⋯⋯⋯⋯⋯ 150
　　二、荣誉制度对教师的激励 ⋯⋯⋯⋯⋯⋯⋯⋯⋯⋯ 156

第十一章　个性化指导是快速成长之法 ⋯⋯⋯⋯⋯⋯⋯ 162
　　一、个性化指导从校本培训的个性化做起 ⋯⋯⋯⋯ 163
　　二、个性化指导基于教师的成长需求 ⋯⋯⋯⋯⋯⋯ 165
　　三、理论与实践双导师指导是名校长、名教师成长的
　　　保障 ⋯⋯⋯⋯⋯⋯⋯⋯⋯⋯⋯⋯⋯⋯⋯⋯⋯⋯⋯ 170

第十二章　人才价值发挥是成长的可持续之路 ⋯⋯⋯ 173
　　一、教师成长价值需要发挥的平台 ⋯⋯⋯⋯⋯⋯⋯ 173
　　二、教师成长价值需要科学评价 ⋯⋯⋯⋯⋯⋯⋯⋯ 177

参考文献 ⋯⋯⋯⋯⋯⋯⋯⋯⋯⋯⋯⋯⋯⋯⋯⋯⋯⋯⋯⋯ 182

附录 ⋯⋯⋯⋯⋯⋯⋯⋯⋯⋯⋯⋯⋯⋯⋯⋯⋯⋯⋯⋯⋯⋯ 188

第一部分 自主是名校长、名教师成长的源动力

在第一部分，通过积极探求与名校长、名教师有关的内在成长与发展规律，构建"自成长"个体发展内在因素影响模型，我们得出这样的结论：自主是名校长、名教师成长的源动力。教师的成长大多经历了"在被动选择中主动适应，在守望理想中形成职业信念，在坚持行动中自我完善，在不断创造中自我超越"四个成长阶段。这是一个逐级递进、螺旋上升的模型。对教师而言，成长主要源自自主发展的动力。首先，教师个体须根据自身、学生和环境的变化而主动调整自己的方向、策略，反思自己的行动，以更好地适应身边的环境，这是教师个体获得成长的起点；其次，要开始尝试认识教师职业、认识自己，逐渐明确教师使命，建立职业理想，形成成长动力；再次，建立自己的成长目标，并不断寻找、发现和坚持自己的成长路径和方法，在这个过程中，个体获得了进一步的成长，且对社会环境产生一定的价值；最后，个体通过持续的自我学习与自我完善，形成自己鲜明的风格、思想、成果、成效，实现自我超越。在这四个发展阶段中，教师个体实现了自身成长与环境动态的协调，进而达到追求自我实现和助益他人的目标。

第一章
在被动选择中主动适应

从系统理论和混沌理论的角度出发，我们可以将个体的心理看作一个完整而开放的系统。在个体的发展过程中，其心理系统与外部环境系统不断进行物质、能量、信息和知识的交流，并在这个交流过程中重组内部的心理结构，形成独一无二的个性品质与发展潜能，为个体后续的发展奠定一定的内在条件基础。教师作为个体，是自身所处的社会环境的构成部分；社会环境所塑造的共同文化制约着人自身的发展，对人的成长有着不可低估的影响。这种影响有时是一种束缚和限制，有时却是一个舞台和机遇。面对社会环境对自己的消极冲击或影响，个体有两种方式可以选择：一种是困于眼前的泥潭，沉浸在消极、抱怨的情绪中聊以度日；另一种是在周围沙沙作响的枯萎死亡的树叶背后看见嫩绿鲜亮的春梢，积极调整自己的方向与策略，让自己获得新生，成为新环境的主人。

一　从被动转化为主动

在本书所采访的名校长和名教师中，大多数校长或教师的第一志愿并不是成为一名教师。但是一旦进入了教育领域，成为教师之后，他们却表现出了较好的适应能力，这在很大程度上让他们比其他教师更加快速地成长。在此，我们引出生涯适应力的概念。

生涯适应力概念的提出源自 Super 的生涯发展理论中对生涯成熟度理论的不断延伸和修订。最初的生涯适应力是指个体在适应工作需求或当条件改变时适应个人需求的能力（普莱茨纳德/Pratzner，1984）；古德曼（Goodman，1994）延续生涯成熟度理论，认为生涯适应力是在不同生涯发展阶段呈递或平衡工作和所处环境的能力。后来马克·萨维科斯（Mark L. Savickas，1997）在生涯建构理论中将生涯适应力视为整合个体各类生涯角色的核心能力，并将其概念界定为"个体对于可预测的生涯任务、所参与的生涯角色、与面对生涯改变或生涯情景中不可预测之生涯问题的准备程度"。其更强调个体在生涯发展中的能动作用，是个体与其所处生活环境的交互作用及面对非成熟性问题的自我调整。此后，鲍迈斯特（Baumeister，2007）等综合前人"生涯发展的自我调整"这一核心观点，认为生涯适应力是个体对探索、规划、价值、内心及客观因素等与目标矛盾的处理。生涯适应力成功解释了为什么有些人在工作几年后会成为行业的佼佼者。

我们采访的温利广老师（正高级教师、广东省特级教师、广东省中小学教师工作室主持人）表示，"教师"这个职业并不是他的第一选择。孩提时代，温老师的父亲是村里知名的木匠，哥哥也是木匠，受家庭环境与氛围的影响，他从小对技术很敏感，高考的第一志愿是建筑学，他最初的想法是毕业之后当一名工程师。由于填报志愿的时候选择了"服从分配"，他最终去了北方的师范学院学习化学。

毕业后，他被分配到一所农村学校。面对学校偏僻的地理位置和有限的教学资源，落差感顿时涌上温老师的心头。在近两年的时间里，他或多或少地感到茫然无措。但是，上课时学生专注和求知的眼神，深深触动了他的心。慢慢地，他开始喜欢教师这个职业，乐意做一名跟学生面对面的一线教师。

> 起初去到学校，知道学校的地理位置比较偏，看到学校的条件也不好，内心多少有些抗拒，同时，家人也希望我能

有一个比较好的工作环境，所以那段时间自己会觉得有点茫然。

在当时的环境下，学校比较欠缺对教学深入研究的氛围。但是在教学岗位上，温老师喜欢自己做一些思考，会在下班后写教学日记，做课题研究，参加公开课或者教学比赛，他还荣获了一等奖的不俗成绩。

温老师的举动被校长一一看在眼里，于是，校长号召全体教师效仿温老师的积极做法——写教学日记，做课题研究。但是，老师们很抗拒这种做法，温老师身上的"外来教师"标签加上独树一帜的做法让"好事变成了坏事"，很多老师对他有不好的看法。为此，温老师甚是苦恼，觉得自己没干什么坏事，却得不到别人的理解。

当时自己有个大致的思想斗争。心想有两条路，要不就随波逐流，要不就独善其身，当然现在知道了还有第三条路，就是力挽狂澜，但是自己没有那个能力。

从小到大，父亲对温老师很严格，受父亲的影响，他一直以来的处事风格都是"要么不做，要么做好"。面对自己始料未及的局面，最初温老师内心多少有些慌乱，也进行了一番思想斗争。最终他认识到教师不思进取才是对学生最大的不负责。于是，他立志改变现状，毅然决然投入到工作当中，将被动的局面扭转为主动关注自身的成长。在温老师的认知里，"随波逐流"不在他的选项之中。

日久见人心，相处久了，大家就知道我其实并没有不好的想法。人都是被逼出来的。当时校长号召大家写点东西，一开始老师们心里都会有些抵触，但也不敢抵抗校长的要求，后面写着写着，慢慢就尝到一些好处、一点甜头。

后来，学校的一个主任被调走，由于对应的岗位缺少人手，学校进行了岗位竞聘。当时岗位竞聘通过投票的方式进行，温老师在民主投票竞选岗位中得票最高，最终走上了行政岗位。他在2003年被任命为学校的团委书记，2011年起被任命为教导处主任。对于这样的转变，如今回想起来，温老师觉得自己在这个过程中并没有努力争取，只是努力适应，提升自己，当责任落到自己的肩上时，就选择踏踏实实地把工作做好。

古语有言："既来之，则安之。"这就是在告诫我们，做人要学会适应社会，要在被动的局面中寻找内心主动的声音。爱因斯坦曾说过："人的最高本领是适应环境的能力。"这句话道出了人适应生活的重要性。正如松树生长在平原草地，正直挺拔，是一种美；长在悬崖绝壁，旁逸斜出，也是绝妙的风景。从被动转化为主动，主动适应环境、适应他人，以坦然之心面对一切，这正是我们的生存基础。

每位名教师起初的教师生涯境况不大相同，但他们无一例外都表现出了较好的生涯适应力。陈洪义老师（正高级教师、广东省特级教师、广东省名教师工作优秀主持人）的经历就是另外一个例子。法律系或者中文系是陈老师在高中毕业之后理想的专业方向。在学校的选择上，他毫不犹豫地填报了中山大学。但因高考失利和填报志愿时选择了"服从分配"，他去了湛江师范学院学习，就读的专业也不是自己感兴趣的语文、数学，而是自己认为相对而言基础更薄弱的历史学科。

有一两个月的时间，自己心里很矛盾，但是很快就调整过来，调整自己，走出阴影。心里会想，反正来了，"既来之,则安之"。

想到自己如果继续浑浑噩噩,只会让时间白白浪费,陈老师将心态调整好,认真适应新的环境。通过四年的学习,他的综合测评成绩全年级第一,还荣获了"优秀毕业生"的称号。

陈老师虽然在同批毕业生中很优秀,但在找工作时并不顺利:最初应聘报社的岗位时,因为其专业不符而落选;应聘教师时,也因为工作经验和毕业学校屡屡被拒。几经辗转,陈老师才到湛江师范大学附属中学任教。

因为工作表现优秀,他被调任到湛江市教育局任教研员,又辗转到广州市增城区任职。陈老师职业生涯中的关键时机往往都是被动出现的。但是在被动之中,他可以迅速地规划好,进行调试性的规划,主动思考该如何积极应对目前所遇到的难题。

从被动转化为主动,其实是一次次适应的过程。面对被动的局面,教师在思想上觉醒,将被动转变为主动适应的过程,就会产生惊人的力量。正如当沙粒进入河蚌体内时,河蚌是很不舒服的,但又无法把沙粒排出。好在河蚌不怨天尤人,而是逐步用体内营养把沙粒包起来,直至最后沙粒慢慢变成了精美的珍珠。我们虽然不能改变周遭环境,但是可以改变自己,用平衡的心态和冷静的大脑来应对生活赋予我们的考验。

郑贤老师(正高级教师、广东省首批名教师、广东省首批中小学教师工作室主持人)是在社会工作了十年之后,"半路出家"才走上教师岗位的。在她的心底,一直有成为一名教师的想法,加上受到同事启发,她下定决心准备教师考试,并利用空闲时间尽最大努力做好备考工作。当她所在的市区第一次向社会公开招聘教师时,她果断参加,并最终顺利地被录取,到一所小学当教师。

怎样才能在教育领域生存下去?这个问题一下子摆在了郑老

师面前。作为一个非师范专业毕业且已经是而立之年的工科生，郑老师对自己的认知是"起点低"——不懂教育教学，没有经验，也没有年龄的优势。

  我是工作了十年之后才走上教师岗位的，相比一般的教师而言，起步比较晚，我想我该怎样做才能在教育领域里创设出属于自己的天空呢？之后，我是以十年磨一剑的精神坚守在岗位上。刚任教的前十五年，我几乎没有寒暑假期，不是学校不给我放假，是我自己没有给自己放假。

  意识到自己的起点比别人晚，"生存意识"的概念逐渐浮现在郑老师的脑海里。在这样的境况中，如何让自己摆脱被动的生存局面，郑老师思量一番，决定采用"以勤补拙"的方式。常言道：真正成功的人，不是在工作的八小时内成功的，而是要看他八小时之外干了什么。在郑老师的八小时工作内，她忙于教学；在八小时之外，她努力提升自己，弥补不足。意识到自己在知识和技能储备上的不足，向上的心驱使她不断学习和钻研，努力跟上教育的需要。由于其性格使然，郑老师在教育这一行非常投入，精益求精，并且在这个过程中也慢慢爱上了"当老师"的感觉。

  在这个科技飞跃的时代，信息技术日新月异，对教师而言，挑战不言而喻。这一自学的经历也奠定了郑老师从教之路的模式——始终保持学习状态，不断更新自己的知识体系。她认为，如果教师跟不上时代，也就没有资质去教学生。

  一旦有新的软件和技术出现，郑老师就会第一时间自学。几年前，3D 打印技术刚刚在国内出现，她就已经在学校开设了 3D 打印选修课。在她的带动下，3D 打印这门课成了学校的热门课程。

让小学生体验从建模到实体3D打印笔筒、花瓶等物件的神奇过程，这是既简单又具有挑战性的工作。如何发挥小学生丰富的想象力去进行3D建模和设计，考验的是教师的专业知识和教学功底。但对郑老师而言，这是早已驾轻就熟的事情。她指导学生的3D打印作品——3D设计模型《空间穿梭号》曾在广东省中小学知识创客大赛上荣获一等奖。

在郑老师的办公室里，挂着几幅牌匾。其中一幅画的是梅花，但是她并不是想表现"梅花香自苦寒来"的寓意。其实，这是她在当班主任的时候，班上40个孩子的手指模。学生家长把梅花的枝干画好，全班孩子印上他们的小小手印，作为礼物送给了她。另外一幅"见贤思齐"的牌匾也是在她当班主任的时候学生家长送的。郑老师两次当班主任，都是临危受命，时间并不长，一次是一个学期，另一次是一个学年。每一次做班主任她都感觉硕果累累，收获甚丰。在得知她不继续做班主任后，班上的孩子还围住她说，"不要让郑老师跑掉了"，这让她感到自己的努力得到了孩子们的认可。

二　培养职业兴趣坚定自我

兴趣指人们积极研究某种事物或进行某种活动的意识倾向。兴趣不是先天就有的，它是在需要的基础上建立起来的。人们通过对某种事物的反复接触和了解，并随着有关知识经验的不断积累，逐渐形成和发展了对这种事物的兴趣。人的兴趣有广泛和狭隘的差异。人在各种实践中形成的广泛兴趣有由事物或行动本身引起的间接兴趣；随活动过程产生、随活动结束而消失的短暂兴趣；成为个人心理特征的稳定兴趣；等等。

赫尔巴特（Herbart）是教育史上第一个把兴趣作为一个心理概念和教育科学范畴进行专门研究的教育家。他在《普通教育学·教育学讲授纲要》一书中曾言,"兴趣就是主动性""兴趣代表智力追求的能量"①。

职业兴趣是个体职业素质的一部分,是个体进行职业选择、取得职业成功的重要条件。职业兴趣是个体在一定需要的基础上,在社会实践过程中逐渐形成和发展起来的。它是个人兴趣在职业领域的特殊表现,并作为一种动力持续贯穿于个体职业生涯的全过程,是影响个体职业选择和激发个体创造的主动性和积极性的重要心理变量。职业兴趣不仅对个体的职业活动有非常重要的意义,而且对组织的发展也有长远的影响。②

受父亲职业的影响,同时为了减轻家庭的生活重担,吴向东老师(正高级教师、广东省特级教师、广东省中小学教师工作室主持人)在毕业后选择了教师这份职业。刚开始,吴老师的专业方向是体育,但在毕业之后,因为岗位需求和个人的意愿,他选择成为一名科学老师。在当科学老师的过程中,他找到了职业的兴趣。

> 科学是很有魅力的,我也喜欢动手带着学生做一些东西。看着学生有收获了,心里会有一种愉悦,这也是自然而然的。

新时代的教师应该是可持续发展的一种特殊的职业,需要以自己的成长来引领学生的成长,做好学生的引路人。如今,更符合教育发展和时代需求的知识结构应该是"学科知识+教育心理学知识+其他方面的知识"。教师要完善知识结构就离不开持续

---

① [德]赫尔巴特:《普通教育学·教育学讲授纲要》,人民教育出版社2002年版,第218、222页。
② 冯媛媛:《教师专业发展中教师职业兴趣研究》(学位论文),南京师范大学,2013年。

不断地学习和实践，离不开终生学习的理念。学科的专业知识是基础，而教育学和心理学的知识对于教育教学活动的设计、管理方面具有一定的指导意义，可以使教师更好地把握教育规律，透过教育现象看教育本质。学习心理学，有利于更好地了解学生，准确掌握教育对象的认知规律和心理特点，更好地分析问题与解决问题。

在武汉工作期间，吴老师经常去武汉大学的图书馆阅读。同时，通过与同事之间的交流，他接触到了更多的老师和教授，从他们身上学习到了很多经验与知识。

但是，在那段时间里，他并不是一直保持愉悦的状态。在当时的大环境下，教师并不被看重，社会地位低，经济上得不到保障。走在路上或者乘公交车时，听到学生叫老师好，他都会觉得很难为情。

教师教学兴趣是兴趣教学思想的重要组成部分，教师热爱教育事业、热爱学生、对所教学科有浓厚的兴趣、具备对一种或几种技能或学科的兴趣以及探究"兴趣问题"的兴趣是培养教师教学兴趣的基本要求。①

在"不被社会环境认可"的情况下，他也从没想过要"另谋他路"。通过与教授们的接触，他对学术，尤其是心理学、哲学、伦理学、逻辑学产生了深厚的兴趣，为此还买了教材学习，参加优秀心理学教授组织的心理学线下课程。在教师群体中，他因为对读书学习表现出强烈的兴趣而显得"特立独行"。但他并不太在意外界对他的评价和质疑，而是笃定做自己喜欢的和让自己开心的事情。

每个人的兴趣各不相同。有的人对社会生活的问题感兴趣，

---

① 薛小丽：《西方近现代兴趣教学思想研究》（学位论文），西南大学，2008年。

有的人对人际交往感兴趣,有的人对艺术创作感兴趣,也有的人对技术问题感兴趣。一个人是被迫学习还是主动学习,是否主动探索,所产生的效果也往往大相径庭。

因为家庭的缘故,江伟英老师(正高级教师、广东省特级教师、南粤优秀教育工作者)较早地接触到了计算机和编程。在读师范时的假期,党校开设了"计算机扫盲班"。学生是小至五岁,大到二三十岁的成人。江老师在晚上自学,比如五笔输入、拼音输入,早上就给扫盲班的学生上课。读大学本科的时候,她还发表过一篇关于计算机提升课堂教学效率的文章。

以数字化视听技术、多媒体交互技术等为特征的现代信息技术,不仅对教学手段和方式的变革产生了重大的影响,而且对教学观念、教学目的、课程内容、师生关系以及教学评价与管理的改变也发挥着不可忽视的作用。[1] 作为一种技术,它是教师教学和研究的工具,也为学生更好地理解课程内容提供了更好的载体。

但是在教育教学中,技术只是手段,真正的目的和着眼点还是要落在学生的发展之上。因为自己在理论和实践上的积累,江老师很早就认识到新技术要与课程整合,要利用技术服务教学,并搭建起了学校的网站,在网站设置了优秀课例、优秀课件等素材库。网站的点击率很高,在当时领先全国。在校长的推广和奖励机制的实施下,其他教师用课件的习惯也慢慢地被培养了起来。

兴趣是引起和维持注意的一个重要因素,对感兴趣的事物,人们总是更愿意花时间探究。因此,它是推动人们去寻求知识和从事某种活动的一种精神力量。后来,江老师对思维导图产生了

---

[1] 安富海:《信息技术与课程教学深度融合的限度及路径研究》,载《课程·教材·教法》,2018年第38卷第3期,第112–116、125页。

兴趣，于是，她就在自己女儿身上试验，并且获得了不错的反馈。因为与家长偶然的交流，她又在家长的帮助下得到了更多关于思维导图的学习资料。

> 我觉得你对这个东西感兴趣的话，你就会去了解。其实也不是说我要终身学习，立志学习，好像也不是这样。我可能就是对新的东西比较感兴趣吧！

学习和实践会促进专业水平的提高，而专业水平的提高又让教师体验到成功带来的愉悦感，从而产生更高的工作热情。教师职业兴趣的发展使教师专业发展意识更有自主性，有利于促进教师在专业道路上前进。

第二章
在守望理想中形成职业信念

叶澜教授在《素质教育推进现状》中指出,越来越多的学校开始推行改革,懂得教育的真谛、热爱教育事业、珍视学生成长与发展,并坚持在自己的日常教育教学实践中研究、创造,同时,不断自我更新的校长和教师的队伍数量在扩展,质量也在提升。

人是价值性的存在,追求意义是人的一种超越性和永恒性的需要。在生活中,个体会自然地省察需要被满足与否,并做出判断和反映。其间,任何一次内心感受和情感体验都会对个人意义观的形成产生影响,甚至影响精神世界的建构或解构。积极的生命情感体验能够强化人的超越性需要,在超越性需要的驱动下,个体表现出积极的生命情态,对意义有着强烈的探索欲和好奇心。

对价值和意义的追问也让人充满动力,不甘平庸,不断奋进。适应环境对于教师来说只是第一步。在适应环境后,教师要开始探索职业,认识自我。在探索和认识的过程中,他们将进一步明确教师使命,建立职业理想,形成成长的动力。教师们在思考和追问:要做什么样的教育?要做什么样的教师?要如何实践?在本节,我们将了解教师对职业道路和人生价值的求索,探讨影响教师成长的因素。

一 理解教师的意义世界

人类生活的真正价值,存在于对自己生存状况的查问和审视中,存在于对自我、对人类生活和对社会现象的批判态度中。就内在因素而言,个体需要对意义透彻理解,内在生成执着追求意义的动力,同时,还需要具备一定的意义能力去探究意义、创造意义世界,避免和减少个体在探索意义时出现徒劳感、挫折感。

心理学家认为,每一个人都有一个深层的心理需求,就是和这个世界产生联系。而这个联系的质量决定了我们的幸福感。我们通常通过两种方式建立和世界的关系。第一种方式是建立有意义的关系。与亲人、朋友的关系质量对幸福感影响很大,因此在生活中关心别人并被别人关心,都是在扩展、加深、改善我们和这个世界的联系。

第二种方式是从事有意义的工作。在人的一生中,工作的时间占据了绝大部分。工作为人们带来薪水,为生活提供最主要的物质保障。在这个基础之上,我们可以感受到更多的幸福,创造更多的价值和意义。英国牛津大学的人类学家罗宾·邓巴（Robin Dunbar）在20世纪90年代提出了著名的"邓巴数字"（又称"150定律"）,即一个人能直接接触并且产生关系的人一般不会超过150个。人们满足生存需求是工作价值中的基础性价值,而要想加深与这个世界的关系,更大地影响这个世界,则需要从事有意义的工作。

教育是直接面对人的生命、通过人的生命、为了人的生命的提升而进行的社会实践活动。教育的目的是实现人的自由而全面的发展,释放生命的自由本性。在教学上,因为具体教育环境、教育对象以及教育条件的差异性,教学并没有统一的方式方法以及整齐划一的运作模式。在以生为本,尊重学生的独特性、独立意义和欣赏学生点滴的成长发展的环境下,学生的个性得到张扬,潜力被发掘,使他们充分享受到成长带来的乐趣。成就富有灵性的生命个体,教育行为本身也将成为一种精致的艺术。

教师在自由选择、充分发挥主观能动性和自主创造力的情况下会对职业产生强烈的责任感、使命感、归属感,会更坚定教育的意义和价值。在积极的自由状态下从事创造性的工作,不仅会重塑教师的意义世界,而且会推动教师专业的自主发展。在个人的价值追求与教育的目标取向渐趋重合时,会形成人与职业的和谐状态,为教师个人和教育事业带来福祉。

在教育教学中,教师与学生之间的关系可以看作"用生命直面生命"。所以,教育工作中的教师呈现的是一个完整而丰富的个人生命姿态。因此,教师在工作中体验到生命的意义,享受到因包容和尊重而带来的成就感、获得感以及生命尊严尤显重要。

在本书采访的众多名教师、名校长中,他们都在教书育人的过程中、在教师这份职业中找到了生活的趣味和意义。比如说王同聚老师(正高级教师、广州市基础教育系统名教师、广东省中小学新一轮"百千万人才培训工程"第二批名教师培养对象实践导师),他觉得自己做教师是"冥冥中的安排"。从师范学院毕业后,刚开始他并不想从事教育工作,而是选择进入国企。在国企待了6年后,他没有找寻到这份工作的价值所在。于是他又自学计算机,考取初级程序员证书,然后辞职来到广州,到学校任职,进入教育行业,成为一名教师。在帮助学生成才和与时俱进的自我成长中,他理解了教师的意义与价值。

转了一圈还是做回了教师,让王老师觉得这是命运的安排。刚来广州时,他的念头是"生存下来"。但是在逐步的成长中,他渐渐进入更高的阶段,即关注情境和关注学生的阶段。在职业学校上学的学生学习基础比较差,但是他们学习计算机后的发展却出乎他的意料。很多学生自己开了公司,在计算机行业发展得非常好。在中大附中教授信息技术课程和钻研机器人的过程当中,他又培养出了一大批优秀的学生。

因为学习机器人,有的学生获得了保送资格,有的学生考上了理想的大学。很多人觉得做这种课外的东西会影响学习，但是他们没想到，做这些东西不但没有耽误学生的学习，反而对他们自身的促进很大，他们的专业发展得很好。

在职业发展过程中，价值感的获得直接影响其对职业的认同感。教师职业认同是教师对于自身所从事的职业在内心里认为它有价值、有意义，并能够从中找到乐趣。教师职业同时具有"职业角色的多重性、职业活动性质的育人性、职业活动对象的主体性、职业活动过程的示范性和职业活动效果的长效性"等特点。其中，育人性是最为突出的职业特征。"立德树人"是师德的灵魂。在"立德树人"的过程中，教师可逐步形成职业认同感。此外，职业认同感离不开从业者自主性的发挥和自由空间的获取。教育是解放人、发展人、教人自主自由的事业，教师职业的性质客观上要求教师必须是自主自由，有充分的空间追求个人的意义和价值，这种自由包括教师选择职业，以及根据国家教育教学方针合理安排教学计划、自我提升等方面的自由。

职业认同是一种过程，也是一种状态。教师职业认同与教师专业成长是教师腾飞的双翼，也是解决教师职业倦怠、教师身份危机等问题的关键。从教师职业劳动的特性看，教师在实践的过程中会逐步理解、认同教师职业意义。

充分发挥自己在计算机方面的知识和才能，进而帮助学生找到自己擅长的领域并获得成功，这让王老师对教师多了一份理解和认同感。他记得曾经带五个学生参加竞赛，其中一个学生获得了一等奖。学生非常兴奋，蹦蹦跳跳地跑到王老师面前，开心地说道："老师，从小到大，我都没有获过什么奖，一直都是班上的后进生，这次我获得了这么好的奖项，我能不能把奖杯拿回家给父母看一看？"在公交车上，他一直抱着奖杯，舍不得放下。就是这样一个本来很淘气，让老师、家长都头疼的孩子，后来考上了广东技术师范大学。他印象中还有一个学生，非常爱打游戏，后来他就根据学生这个特点，鼓励学生研究使用游戏手柄来控制机器人。学生开始学习机器人之后，不但把打游戏这个毛病给改掉了，还因此获得奖项，并取得了不用参加高考直接保送大学的资格。

除上述的例子外，王老师在教育教学中还遇到过很多学生成功转变的例子。这些例子，让王老师觉得做教育事业非常有意义，作为教师，他也和学生一同在学习和进步，一同走在寻求意义的路上。

> 如果我们对生命感到惊奇，我们就会感觉生活的重要性，感觉生命的可贵，就有保护生命，使之通过生活得到充实与完善的意愿，意义的创造由此展开。

理解了教师职业意义和人生的意义，也就是在某种程度上对教师角色的社会意义和个人价值做出定位。当家长和学生的期望价值和教师的职业价值吻合时，专业发展便成了终极价值的一种载体、一个工具或一种化身。在意义的创造和追寻中，教师个人会提高自我认同度。个体不再单纯注重工作的外在价值，工作也成了个体内心所乐于追求的一种终极目标。在自我追寻个人价值和工作价值的过程中，在一路学习和打磨中，王老师坚定了教师职业信念，逐步认同自己教师职业的选择，并决心以教师职业为依托实现人生价值。

除了培养一批信息技术行业的人才之外，王老师还有机会赶上最新潮的创客教育、STEAM教育、人工智能教育，这些也让他找到了深耕这个行业的价值感。

与王老师相同，何勇校长（正高级教师、广东省特级教师、国务院政府特殊津贴人员）也是在行进的道路上逐渐找到了教师职业的意义。高考结束后，何校长从父亲那里得知自己的分数上了重本线，但其实当时他对重本学校和自己就读的师范专业认识都不深，接触的东西也很有限。虽然缺乏经验，但是他韧性强，弹性大，能坚持。在工作的过程中，他带出了一批又一批的优秀学生，让他获得了成就感，找到了自己的价值和意义。

教育中的每一个生命都是活生生的个体，是一个独一无二的存在。他们成长着，发展着，成熟着，完满着，生活着，生存着。"生存"并非简单地指"生命的存活"，而是指"生成者的存在"。学生作为处在成长发展中的极具成长潜力的个体，需要得到教师的关心与关爱。而处于关注学生阶段的教师，经验比较丰富，而且在职称上也可能是高级甚至是特级教师了，在教学成绩方面的压力减了不少。他们也许在思考，教育教学要怎样才能促进学生的全面发展和提高学生的综合素质。他们认为教育更多地应该关注学生本人，而不仅仅是成绩，应该逐步把工作重心从关注学生学科知识转向关注学生本人的内心世界，关注他们的差异性，并因材施教，促进学生健康成长与素质提升。

> 确实在一开始，我没有特别喜欢做老师，但是在做的过程当中，获得了一些成就，并得到了别人的认同，就慢慢享受做老师的过程。走到今天，我已经看到成果了——自己的学生特别多，而且他们成长得很不错。

美国全国专业教学标准署制定的优秀教师知识和技能标准指出：优秀教师应该热爱青少年，一心扑在学生身上，承认学生有不同特征和禀赋并且善于使每个学生都学到知识。他们的成功在于相信人的尊严和价值，相信每个孩子内在的潜能。相较而言，何校长也会花更多的心思在学生的成长上，以学生为重，做学生兴趣的支持者和潜能的挖掘者。

各种标准和原则在制定时会从各个特例中寻找共性，是一种从"特殊"到"普遍"的内涵凝练和特质概括的过程。尽管何校长已经离开最开始工作的地方——海南三十年，回到海南时，他跟自己教过的学生感情还是很深厚，学生对他也很热情。

每个人都向往追求意义、渴望实现人生的意义和价值，但并非每个人都能做到。意义和价值的实现取决于多种因素，是外因与内因综合作用的结果。澳大利亚政治家科廷汉认为：全力以赴追求有价值的目标靠的是运气——那些幸运的宠儿会在生命的最后回望一生时，宣称他们的人生是有意义的，而另外一些人，由于出身、生长环境、疾病、缺少智谋，或是意外等原因，没有实现自己的人生目标，或半途而废，就只能接受命运的安排。

人的生命长度是有限的，每个人都会走向死亡。物质意义上的生命尽管消逝了，但精神上的生命还在继续。教师对学生的影响是终生的，通过口传心授的方式，教师的"生命"在学生的身上得到延续，其思想、精神、主张、知识等会在学生身上传承与流传。而何校长的教学方式方法、育人思想和精神理念也将被自己的学生延续下去。

传统的教育观念认为，教师应该是教学的中心，强调学生缺乏知识、能力和经验的一面，即主要看到的是学生的当前状态，而不是他的潜在状态、内在的积极性和发展的可能性。新时代的教育理念中的学生观要求关注学生的主体地位，把学生看作具有不足和幼稚，但却具有旺盛生命力的个体和具有多方面发展需要和发展潜力的人；认为学生具有主观能动性，是教育活动的主体，并强调要尊重学生、引导学生、激发学生，顺势而为，适时而教。与此同时，最为重要的是教师要从内心喜欢教学生，能与学生的心灵对话，并以此为乐。

专注教育，专注育人，看到学生的成长，与学生交流，这些让何校长慢慢开始觉得工作成了一种享受，工作也给了他精神上的安慰和动力。

假如一个老师或者学生只是靠外在的激励,他走不远,也走不稳。教育要注重心灵,什么叫做注重心灵?就是要激发教师与学生内在的发展动力。

不管是回顾自己的成长还是学生的发展,抑或是教师的成长,何校长始终认为"自己愿意"是最重要的条件。作为校长,他只是在努力营造一种氛围。他觉得,教育,既有引领,又有强制。他更希望做的是激发学生的心灵,激发学生的内在动力。教师也一样,学校有制度、有管理、有奖励,这是外在的东西。教师能不能走到更高层面,关键是要看他的教育情怀。

通常情况下,有责任感并认真履职的人更容易获得成就感,并寻找到意义的依托。从这一点上看,责任感的树立是获得感的重要一环、可靠支撑和稳定来源。马克思曾说:"世界上有许多事情必须做,但你不一定喜欢做,这就是责任的涵义。"责任感是个体在自身和社会自我发展中所承担的责任的一种意识,是对自己在道德活动中完成道德任务的情况是否满足其道德需要而产生的情感体验,它是人类生存和发展的动力。[①] 简单地说,责任感就是对责任的态度,它涉及个人的心理层面。

在社会中的每一个个体,由于自身社会角色、岗位的要求和规定,都必须对自己的行为进行约束、规范,并使其符合规章制度和法律规定。这种约束和规范通常带有强制性与惩罚性。

然而,对责任的理解不仅局限于法律层面,也体现于道德层面。道德层面的规范相对于法律而言是更加隐形的,它更多地强

---

① 龚耀南:《论教师责任感的强度与限度》,载《教育探索》,2004年第4期,第95—97页。

调一种无形的社会契约精神，是一种独特的理性生活，不需要外力强制执行的非制度化的规范，是对人的内在约束力。

教师的职业获得感或者说幸福感是教师在创造物质生活和精神生活的实践中，因目标和理想的实现而得到的精神满足，或者是在追求理想与目标的过程中得到的愉悦感受，是教师从工作理想到现实的美好的情感体验。只有以负责任的态度真诚地、全身心地投入其中，教师才更容易获得成长，并感受到职业所带来的成就感和幸福感。对于教师来说，学生的感恩、认可是对教师最大的肯定，也会化为教师幸福感的一部分。因为在学生身上花了更多的心思，所以评教数据出来之后，邱海林老师（正高级教师、广东省名教师工作室主持人、广东省"百千万人才培养工程"名教师培养对象）连续多年都是百分之百的 A 评价。

在这个价值多元、彰显个性的时代，学生的价值取向和行为观念各有不同。很多学生因为其知识和阅历有限，会做出不成熟、不理智的事情。因此，除了做好本职工作——语文教学之外，邱海林老师觉得自己应该要用更好的方式去引导学生，让他们形成正确的世界观、人生观和价值观。

在他眼里，学生就像海滩上的鱼。"那么多的鱼，救得过来吗？"有人会这么问他。他认为，自己可能因为能力有限不能全部照顾到，但是对于每一条鱼来说，生命只有一次，每一条生命都同样重要，"多救一条是一条"，他说道。因此，他选择坚守自己的责任，相信努力就能有收获，尽力给学生好的教育影响。

大多数人在年少的时候，很少会有很清晰的发展规划，很少能真正明白自己的意义和价值，以及如何实现。正如贾国富老师（正高级教师、中小学国家骨干教师、全国模范教师）所说，"我根本想不到我会读大学，毕业后会干什么，但是，向上、向前的姿态是一直保持的"。古语云："但行好事，莫问前程。"其中的智慧便是如此。当一个人潜心地把每一步都走好了，自然会登上最高处。

> 该做的事情都做了，不带有什么功利性，不会想到要评什么职称。把教学工作做好，教学中遇到问题就去研究，有学习的机会就去争取。

在贾国富老师看来，做老师的乐趣有很多，比如说自己教过的学生会一直记得他。许多已经毕业的学生给他写信、打电话，表达对几年相处的怀念和感恩。贾老师也能记住他教过的许多学生。他记得有一位姓张的同学一开始数学成绩很一般，却主动要求当数学科代表。在担任科代表后，这位同学通过努力成了数学科目的尖子生，还充当"小老师"主动帮助其他同学。

> 只要给予足够的关注和引导，每一位学生都能做得更好。

贾老师认为，只要有阳光，每一棵树苗都能茁壮；只要有雨露，每一朵鲜花都能烂漫。让学生在学习和校园活动中，享受成长的快乐，感受校园的美好，体验人生的价值，并主动愉悦地发展个性，那么，他们都能成为对社会有用的人。贾老师就是怀着这样的教学理想和情怀，在南粤这片土地上筑梦。

正如贾老师所言，"有品格的高中学校绝对不会只盯着高考，有品格的教育绝对不会只盯着分数"。教育是塑造人的灵魂的伟大事业，是心灵与心灵的沟通，是灵魂与灵魂的交融，是人格与人格的对话。没有教师对学生的人文关怀和自身的价值探索，就难以有持久的教学成果和长远的发展。"守望教育，有志者来。"

在日常繁忙的教学和管理中，不少教师和校长都缺少这种涉及教育价值和意义的追问和思考；而更为理性的教育需要更深入地思考意义问题,追问当代教育在学生成长和发展中所扮演的角色。如果视野过分限制于当下,就会迷失对教育、对人生意义的追寻与渴望。因此,教育者必须关注自身意义世界的建构,在教育价值的思考与追求中找到内心和外在的平衡。

二 树立教育事业的理想

理想是指个体关于未来的、同实际相联系的、符合事物发展规律并有实现可能的想象、希望、追求及奋斗目标。理想的形成有其生理基础、心理基础和实践基础。其中,生理基础是指大脑的重量、结构及其功能的发展;心理基础是感觉、知觉、注意、思维和想象的发展;实践基础是个体实践能力的发展,实践内容的丰富,实践范围的扩大,以及实践的完善与升华。

理想形成具有一些规律性的特点:一是理想的形成是由高到低的发展过程,因为美好的愿望使人的理想形成从高处开始,对理想动力的期待使人的理想形成从高处开始,人发展的开放性也使人的理想形成从高处开始;二是理想的形成是由外在的社会需要向内在的自我需要转化的过程,包括家庭教育中给予的目标变成自己内心追求的目标、理想教育中内容以外在需要向内在需要的转化、在外在环境影响之下而确立起奋斗目标;三是理想的形成是由模糊到清晰的价值明确过程,包括社会需要在理想确立的过程中得到明晰、自我价值追求在理想确立过程中得到明晰、自我价值在目标确立过程中获得明晰。

职业理想是专业成长的根基和方向。教师职业理想是成熟教师专业成长的最高追求和向往。教师专业成长的动机来源于教师的职业理想,即教师内在的主动成长的意愿。教师的职业理想表现为教师对教育工作的积极性、主动性、创造性以及对教育事业的热爱程度、专业动机强度和专业技能的提升等方面。

邱榕基校长（高级教师、南粤优秀教师、广东省名校长工作室指导专家）在大学就读于政治系。大学期间，邱校长认真求学，学业和其他方面都出类拔萃。毕业后，有很多的机会摆在他的面前，但是他选择回到家乡广州市从化区任教，把自己最好的年华与家乡的孩子们联系在一起。

之前在学校的时候，一般读政治系的，当过学生会主席、干部、党员的那些学生都会去省厅等地方工作。1986年，学校鼓励干部、党员都到基层去。本来说让我去广州中专学校的，都被我拒绝了。

榜样会促进个人理想的成形。中国人民教育家、思想家陶行知毕生从事教育事业，于1927年在南京郊区创办了试验乡村师范学校——晓庄师范，并提出了"生活即教育，社会即学校，教学做合一"的生活教育理论。当初离开大学的时候，邱老师特地去了一个展览室，了解了陶行知的事迹，内心很受触动。也是从那个时候开始，他就将陶行知作为榜样，决心回到家乡任教，为家乡做贡献。

我就去了从化中学，那时候条件比较艰苦，但是自己有个信念，一定要将自己的精力与才华贡献给从化的孩子们，所以那个时候很专心地做老师，没有什么其他想法。

在从化中学，邱校长工作了12年。这期间他做过6年的教导处主任、4年半的副校长。1998年，他被调去从化第三中学，做了两年半的正校长。2002年，他被调到从化市委做宣传部部长，兼任报社社长、文明办主任、对外新闻发言人，身兼数职。

做了 6 年之后，听到从化中学在换校长，我说我不做这些机关干部了，我要回学校。那时从化市委、市政府同意了，之后就一直在从化中学做校长，做到 2016 年年底。

后来，他被调去了从化六中。调去六中的初衷是想让六中变得更好，因为六中办学情况不大乐观。学校问他意见时，他也很乐意，而且下定决心一定要把六中办好。三四年过去了，六中整体的办学质量有了较大幅度的提升，外界对学校的评价度也较高。

教师职业理想的树立并非通过外在的理论知识的灌输，而是在教育教学实践过程中对教师专业情意的培养，在专业成长过程中为实现自身价值的不断完善中逐步形成的。这中间也会穿插意义的价值的探索。对于中途转去做机关干部，之后又回到学校，邱校长认为最主要的原因是因为他很喜欢教书，也喜欢教政治。到现在，他还坚持在一线教学。

我觉得离开课程自己就没有价值了。我喜欢教书，喜欢跟学生打交道，真的很喜欢这种氛围。

彭建平校长（正高级教师、国家特约督学、广州市名校长）有着对教育的追求与理想。因为有这种教育理想的支撑，一个学校的校长不会仅仅满足于好的分数、好的升学率，或者是短期的成就，而是有更宽阔的视野与更深远的目标和考量。

作为一个知名的校长，他的内心深处会有一个比较高远的、崇高的教育理想。他心目中有一个模型，他对心目中理想的学校有自己的希望和设想。

教师常常会有意识地去思考如何上好一堂课，并精心地准备教案和教学课件；会思考如何控制好课堂教学秩序，如何解决课堂突发情况，如何加强与家长的沟通，如何提高班级的凝聚力和成绩等。而他们较少会考虑：教学目标的设定是否合理；我为何要教这些内容，这些内容和现实会有多大的联系；我的教学行为和理念又会给学生带来什么样的影响；是否会帮助学生更好地成长和生活。

当时，彭校长在一个毕业生录取率很低的学校任职。在他教毕业班之后，学生成绩有了显著的提升，以致轰动一时。当时他就在思考：为什么在同样的学校，背景相同的学生，换了老师之后成绩会有那么大的变化呢？经过内心的若干次质问和回答之后，他才慢慢找到了答案。

> 我认为一个好老师是能够时刻站在学生的立场，充分地了解学生，能够跟学生密切地合作、交流、沟通。他热爱教育，热爱自己的教学，才会获得一种乐趣。

精神的"荒漠化"会消耗人的活力与激情。对于教师而言，这不仅会影响自身，还会对学生产生不利的影响。而职业理想的确立就是教师寻找"精神家园"的过程。职业理想在确立后会提高教师个人的思想道德素质，使教师将个人奋斗融入社会的发展中，将个人的职业理想与社会理想靠近或吻合，专注专业发展以及学生成长，以期实现自身及学生的自由全面发展。

三 建立教师的职业观

职业观是一个人对待职业的基本观点和态度，是人生观的重要组成部分。它包括对为什么要选择职业、选择何种职业和怎样对待职业活动等一系列问题的系统看法。人的职业观直接受人的理想、信念、世界观和价值观等个性倾向的支配,特别是跟人的理想有着密切的关系,它支配和控制着人的一切职业行为。人的职业观主要表现在人的职业动机、职业评价、职业倾向和职业兴趣上。由于受个性以及教育背景、家庭背景、成长环境的影响,人们对职业的态度各有差异。

教师职业观是教师对职业的整体看法,是教师爱岗敬业、教书育人的思想指导,对教师的职业发展有着重大的影响。通俗来说,就是教师应该如何看待"教师"这个职业。教师是把它看作一种实现人生价值,愿意为之终生奋斗的事业,还是看作一个满足生存需要,养家糊口的饭碗?教师的思想、专业素质、精神境界等往往受职业观的影响。职业观念不同,境界不同,内心体验包括工作成效也都是截然不同的。

人们常说"教师职业是太阳底下最光辉的职业",用"春蚕到死丝方尽,蜡炬成灰泪始干"来歌颂教师,将其比喻成辛勤浇灌花朵的"园丁"。教师自古以来就被赋予神圣的使命——教书育人。教书即"传道,授业,解惑也",让学生充分理解并吸收教师所教授的知识。通常,教师对学生学习表现的影响相较于学校管理者更加直接,教师进步可以带动学生的进步。

教师的职业观念也关系到学校的发展,只有教师对教育有了正确的理解,对学校的文化、管理感到认同,才更有成长的动力。通过学校的管理制度以及目标计划,帮助教师快速地进入工作状态,树立其正确的职业观念是十分重要的。在实现教育使命的过程中,教师及学校管理者需要理解教师在教育过程中的角色定位绝不应仅限于教书。① 教师要努力成为学习的组织者、课堂

---

① 苏悦:《教师职业角色定位与职业发展支持》,载《成都市陶行知研究会第六次"教育问题时习会"论文集》,成都市陶行知研究会,2019年第6期。

教学的研究者、课程的开发者以及综合知识的掌握者，在与学生的关系上强调赞赏、引导，在与同事的关系上强调合作和相互支持。

从湖北到广东，从民办学校到公立中学，虽然在这期间贾国富老师有很多担任校长或者副校长职位的机会，但是他觉得相对于管理工作和处理人际关系，学生教育工作会更适合自己。虽然他在湖北的一所中学任教时已被评为特级教师和全国骨干教师，但是出于发展机会和发展空间的考虑，贾老师选择到广东的学校任职。

贾老师从小就想当一名教师，但是真正思考如何做好教师工作，是在他参加了名教师工作室后才开始的。参加工作室之后，他更多的是关心教师的成长和如何更好地把教学指导工作做好的问题。

职业观的建立也是角色意识形成的过程。教师要有角色的意识。教师在教学中最首要的角色是知识的传授者，是一个发动、指导和评定学习的人。教师的主要职责就是把知识传授给学生，扮演一个知识的传授者和信息源的角色。

学生是学校进行教育、教学的基本对象，教师则是直接实施教育的人，须对学生进行全方位的管理和教育。为此，教师要根据不同的任务、不同的场合扮演不同的角色。教师又是教育教学的中坚和骨干，知识的传递者，学生心理的保健者，学校、家庭、社会三者沟通的桥梁。成长为名教师或者名校长后，教师需要担当起教学指导和团队培训的责任，发挥"引路人"的角色。

> 自己通过工作室的平台反思了整个教育的过程，真正站在更高的角度去思考。从不同的角度，比如从自己的教学水平、教学观念，培养年轻老师，再到关心学校、社会教育，自己感觉是慢慢站得更高了。

贾老师工作了二三十年，在教学岗位上也做了很多年。通过对教师专业发展过程的研究探讨，贾老师也完成了对自己整个教育过程的总结。

参加华南师范大学培训的时候，有两位老师专门跑到他任职的学校找他交流，问他怎样撰写参评"全国模范教师"称号的材料。仔细思考后，贾老师觉得自己所获的荣誉奖项，并不是因为自己把事情做到了最好或者做得最多，而是因为自己做教育比别人做得更投入，在面对棘手的问题时花了更多的心思，踏实地完成了自己该做的事情。他并不觉得自己很优秀，但是，在将事情做完、做好的过程中，他逐渐找到了自己的定位。

> 我认为关键是热爱自己做的事情，尽心尽力去做，让学生认可，让学校认可，让社会认可。我觉得很多老师都这样做了，只是我幸运地拿到了这些荣誉。

四　形成专业成长的自觉性

"自觉"意为"自我感觉到"或"自己有所认识而觉悟"。"教师专业自觉"强调的是"觉悟"和"觉醒"，教师需要通过不断地实践、反思、再实践，实现意志上的螺旋式前进。优秀教师和名校长的成长除了需要有利的客观条件外，关键在于个人的自觉。这种自觉包括对人生意义的自觉，对职业价值的自觉，对实践探索的自觉，对理论思维的自觉，对社会责任的自觉，等等。诸多"自觉"的认识加深了个体对自己人生和职业价值的理解。"自觉"让他们更多地思考价值层面的问题。他们不再把教师当作一份养家糊口的职业，也不再把教育教学当作谋生的手段，而是当作毕生的追求，把需要、理想、信念转化为内在动力，引导个体自觉成长。

教师专业自觉是人之所以为人的一种崇高价值体现，本质上是一种生命自觉。教师专业自觉是教师专业成长的内源性动力，使教师能正确客观地对待成长过程中的难题，使教师在专业成长过程中能不断反思、完善、超越自我。总之，教师专业自觉是教师依据专业发展的要求量身定制的符合自身未来发展目标的系统化的认知与觉醒，是教师自身积极主动的职业规划意识；是教师对照教师专业化的发展要求，努力完善与自身角色相匹配的期望和精神追求，是教师专业成长的根本动力。

　　"觉悟""实践""反思"始终是"专业自觉"的关键词。它首先需要教师意识到专业发展的重要性，意识到专业发展是教师自我发展的需要。它不仅体现在社会发展对教师专业的要求上，更是一个作为有自我追求与自我实现意愿的教师所必需的。其次，它表现为教师能清晰地认识自身的专业知识、能力和价值观等对自我价值实现的意义。再次，它表现为教师在实践成长过程中反思和调整自己的教育观念和行为，不断完善自身以实现其自身专业发展目标的意识和自觉行为。最后，它也可以作为衡量教师个体专业成熟的指标，是一位成熟教师应有的精神境界。

　　专业自觉带来的成绩和收获作为一种正面、积极的反馈会巩固自觉和反思的习惯。正如容梅老师（正高级教师、广东省优秀网络督学、广州市青年岗位能手）所说："慢慢发现，原来只要你努力去工作，只要你真的是为孩子们的成长去付出，其实作为老师你也收获其中。因为校长肯定你，学校的老师们也赞扬你，大家都对你表达了肯定。这是一种正能量、正反馈，会让你更加努力地学习和工作。"

　　教师专业发展的自主性是教师发展的最本质的核心要素。教师在专业发展中处于主体地位。他们不断反观自身、不断超越自我的过程，既是教师自我发展和自我实现的过程，更是积极、主动、自觉、能动、可持续的建构过程。

在填报高考志愿时,容梅老师有两个选择:一个是医学院校,一个是师范学校。高中生物课解剖小动物时的恐惧感和阴影一直在容老师心中挥之不去。因此,她选择了当一名教师。

当时虽然不明白选择师范学校或者说当教师意味着什么,但是容老师在大学期间很努力,得到了很好的专业训练。大学毕业之后因为成绩优异,她可以挑选想去工作的学校。由于大学期间学习认真,她在学校教书时,初中的课本、高中的课本都可以全篇背诵。

"自觉"应该是由一种认识活动发起的。在教师专业化背景下,可以理解为教师对自身专业发展有清晰的认识和理解,并在认识的基础上自觉、主动地开展各种专业发展活动,从而提高自身的专业化水平。在工作中,容老师一直牢记父亲的教诲:"领导给的任务能干的都要干,不要拒绝。"所以,她一直以开放包容的心态对待工作,在工作上也一直吃苦耐劳。

> 我也不会去跟别人比较什么,人跟人是没有办法比的,因为我觉得每一个人的成长际遇都是不一样的。领导给你的任务,是任务,是挑战,但其实也是机遇。

休完产假之后,领导让她写一份教学设计。当时她很惶恐,因为之前只写过"教案",从来没有听过"教学设计"。她感觉自己好像跟最新的教育教学理念和方法脱节了。按照校长提供的语文教学设计的模板,她加入了自己的思考,完成了地理学科的教学设计任务。这份教学设计也意外地让她得到了特约教研员的岗位邀约。

写作是罗夕花老师(正高级教师、广东省特级教师、南粤优秀教师)反思自己的一个重要渠道。除了每个星期给家长写信外,罗老师还会写教学日志,把当天发生在教学中的事情和自我反思记录下来。

> 我觉得一个老师一定要经常反观自己的课堂，反观自己的教学行为。比如说我做的单元模块整合教学，其实就是源于自己的一次反思。

除了热爱之外，名教师对自己的专业成长也有一定的追求。反观自己的成长，罗老师觉得她对自己的成长规划性不够，往往是由外在的力量、某些事件推动自己成长。结合自己的成长轨迹，在后来自己带青年教师成长联盟的时候，罗老师就在笔试题中设置了职业规划这一问题。

她认为名教师会主动抓住一些锻炼和展示自己的机会，挑战自己，将自己的教育教学能力通过平台展示出来。

> 这个展示并不是说我要表现自己，而是我觉得只有通过这样的平台和机会，才可以让别人看到我的优点和我的不足。

罗夕花老师经常会争取各种机会，比如说要求参加各种各样的支教活动，上不同版本的教材来挑战自己。她遇到过一个刚参加工作就主动要求她去听课的男老师，也有主动要求上公开课的老师。对于这些能把握机会的行为，罗老师表示十分欣赏。

> 我觉得他们会把握住每一次锻炼自己的机会，其实每锻炼一次，你就是在叠加、在累积。你的热爱和追求，会促使你的更新意识。同时，你会在被别人观察的过程中提升自己。

工作的过程不仅是奉献的过程，也是自身发展的过程，是实现自我价值，从而自觉把教育活动与其生命联系在一起的过程。教师在教育活动中可以找到社会价值与自我价值的统一点，从而深切感受到生命的意义与快乐。在教育定位明晰和价值觉醒的过程中，教师的主体精神和地位逐渐彰显出来，教师的专业化发展也有了明朗的前景。

五 感受自己的职业获得感

在当下社会物资供应相对充足的环境下，教师的职业认同建构关键在于获得感，这里所说的获得感是指教师在职业中获得了思想意识上的满足。获得感可以使教师坚定教育信念，对教育充满希望，并愿意为之付出。获得感以获得为基础，是物质和意识综合作用的结果。在获得感的形成过程中，教师在物质方面的问题以及在思想、心理方面的问题能够得到有效解决。教师对于职业认同的建构基础是教师从职业中有所获得，这种获得以及因此而形成的思想意识能使教师形成获得感。在教师获得获得感的过程中，关于自身职业的发展动力也会相应增强，获得感越强，动力就越强。

为了响应号召、紧跟时代步伐，20世纪80年代末，广州市开始举办与计算机相关的竞赛。但是，在那时候配备有计算机的学校在广州甚至在全国范围内几乎都是凤毛麟角，郑贤老师所任教的学校在计算机方面也是一片空白。校长把学校计算机发展的重任交给了她，希望她能够在计算机方面为学校"开辟新的天地"，好好培养学生的计算机能力，为学校争得荣誉。

这是一个任务，同时也是一份压力。如果想要事情得到一个令人满意的结局，就必须将压力转化为动力，将重任转化为责任。当压力和重任来临时，有的教师会选择逃避，会找借口推让,而有的教师则会勇敢承担,通过抓住实践的机会,锻炼自己实践的能力。

> 我们老校长觉得学校要拿到好的成绩,就必须公招一个有专业知识的人。我觉得他的眼光看得很远,很独到。最后,我抓住了这次公招的机会,来到了学校专门负责计算机竞赛。

在得知比赛时间时,郑老师和孩子们只有两三个月的时间去备赛。郑老师虽然是工科出身,但计算机比赛对她来说是一个完全陌生的领域,她自己也需要一个摸索和学习的过程。

时代的发展呼吁素质教育的深入推进。曾任教育部副部长、国家总督学的柳斌同志认为,于素质教育而言,更新教育观念是前提,改革考试制度是关键,建立新的评价标准是导向机制,优化教材和教育教学过程是核心,而提高教师自身素质是根本。郑老师深知自身在专业知识上还有不足,于是她利用晚上和周末休息的时间研读最新的相关书籍。承受着时间和成绩方面的压力,郑老师也有自己的策略:她挑选了几个综合素质比较强的学生参加比赛,一边学习充电,一边给学生们做培训。

通过两个月的齐心协力,在1993年第一次辅导学生参赛时,郑老师的学生就获得了两个一等奖、一个三等奖,真正实现了学校在计算机竞赛方面"零的突破"。

> 两个多月的时间,我跟这些孩子们一起努力,一起奋斗。只用了很短的时间,我们学校的孩子就为学校争光了。这也说明了老师的专业非常重要,老师应该知晓怎样去引导孩子让他学得更好,应该知晓怎样才能更好地发挥孩子的特质和才能。

当时学校条件有限，没有配备电脑机房。考虑到每年都有这样的计算机比赛，如果有专门用来开展电脑课和电脑培训活动的机房，就会有利于学校计算机能力的提升。尝到甜头后的郑老师主动向校长提议在学校建一个机房。得到校长的肯定回复后，在教师生涯的第一个暑假，郑老师跟工程师们并肩作战，建好了学校的第一个机房。虽然只有 24 台电脑，但是她觉得非常满足。

获得感满足了教师的精神需求，建立起了教师的职业信心和认同。无论是教师对职业价值的肯定，还是在价值基础上形成的教育信念，从根本上来说，都属于思想意识范畴。因此，教师获得感的获得过程实质上就是教师思想心理意识发生转变的过程，而这种思想心理意识转变的关键在于教师的心理需求满足程度。

获得感有多种内涵。获得感是一种呼应感，即教师关心什么、期待什么，都能在实践中得到回应和正向的反馈；获得感是一种尊严感，即教师作为社会人以及教师的权利和人格能够在社会中得到尊重，教师能感受到尊严；获得感也是一种幸福感，教师对幸福的追求能得到满足，现代社会物质生活条件不断改善，生活质量和品质日益提高。从总体上看，获得感是一种由心理和物质上的满足带来的安全感，教师对健康、安全、稳定、发展的渴望能得到满足。

参与感和幸福感极大地影响了郑老师对于教师这份职业的看法，从初出茅庐到沉着应战，从认识、态度到行动。专业自觉作为动力激发教师不断实现专业成长和可持续发展，进而不断丰富其专业认同、专业反思、专业情意和职业理想等内在素养。

她觉得编程对锻炼孩子们的思维能力、分析能力、解决问题能力都极有好处。开学初，郑老师就开始鼓励孩子们报名比赛，之后挑选了 24 个孩子进行课余训练。努力没有白费，后来这 24 个孩子中有 21 个孩子获奖。在很多学校还没有开展计算机这门课程时，能为学校带来这么显著的荣誉，这让她一时名声在外，她也因此得到了学校和区、市教育局的赞赏与重视。

　　教师的劳动兼具复杂性和创造性。首先,教师劳动的目的就是要培养德、智、体、美、劳全面发展的人,这种教育目的的全面性导致了教师劳动的复杂性。其次,教师的劳动也具有创造性,在创造性教学和育人的努力下所获得的成果、成效会加深其职业获得感。随着时代的进步,学生在发展,教师必须根据不同的教学对象和教学环境,不断改进和更新教学方法。在遇到各种突发事件时,教师需要具有较强的"教育机智"来恰当应对。这些挑战和"教育机智"的应用,其实也是获得感形成过程不可或缺的一环。

　　对于罗夕花老师来说,对教育教学工作的投入让她获得了更多的学习机会,各种学习机会也给了她足够的成长空间,这些机会、平台和契机在她身上出现了叠加的效果。2003年她受到嘉奖,2004年被评为南粤优秀教师,2007年被评为名教师,2009年被评为副高级教师,2010年被评为特级教师,2016年被评为正高级教师。

> 　　其实说实话,每一个荣誉的取得我都有点忐忑。因为我觉得我好像跟这个荣誉不相符,然后我就努力让自己名副其实。有一些荣誉的取得可能是平台和机遇的原因。我也会想,我是特级教师,我自己的专业肯定要与取得的荣誉相符。

　　可以说,获得感是对教师劳动和付出的回应,它能满足教师的尊重需要、幸福需要、公平需要等。因此,教师在职业中得到更多获得感的同时,自然就会对教师职业更加肯定、认可和满足,坚定职业信念,在解决难题的同时能享受其中的乐趣,追求和实现个人价值。

第三章
在坚持行动中自我完善

正如约翰·戈特利布·费希特（Johann Cottlieb Fichte）所言："行动，只有行动，才能决定价值。"当责任感变成一种向上的动力，落实到具体的行动上，把行动变现，所做的事情就会变得意义非凡。

认知只有通过实践不断更新，思想也只有转化为实践、指导实践才会焕发出异样的神采。只有以行动作为载体的时候，思想的魅力才会展示，才能转化为结果。只有抓住当下，并立即行动，才能真切地把握未来。因此，教师在确立自己的职业理想，形成职业价值观之后，就要进行自我评价，找准自我定位，确定学习和发展的目标，从而制定短期、中期和长期的目标计划。在这个过程中，教师需要践行不止，以开放的心态学习，跨领域、跨岗位学习交流，努力坚持，进而反思自己的学习内容和方法，培养学习的习惯，持续地进行自我完善。

由于知识和经验等方面的差异，个体在学习过程中会采取不同的方式。美国认知教育心理学家戴维·保罗·奥苏贝尔（David Paul Ausubel，1918—2008）认为，学习分为机械学习和有意义学习。有意义学习是指符号所代表的新知识与学习者认知结构中已有的知识建立非人为的、实质性联系的过程。简而言之，就是将新知识融入已有认知结构的学习过程。

除了在学校接受系统性的学习之外，开放式学习也是一种学习的方式。我国著名教育家陶行知（1891—1946）曾提出："我们做教师的人，必须天天学习，天天进行再教育，才能有教学之乐而无教学之苦！自己在民主作风上精进不已，才能以身作则，宏收教化流行之效！"① 开放式学习是在学习的现代化、终身化趋势下的学习模式或者学习心态。在开放式学习中，通常会有"跨界学习"的行为与表现，即跨越不同领域、不同行业、不同文化、不同意识形态等范畴的学习。

这种学习不仅仅指新旧知识发生联系和意义，也指理论与实践或者说与现实的工作、生活发生联系和意义，从而达到理论与实践相结合，用实践来印证理论的正确性或者促进理论内涵进一步丰富的结果。由此可见，开放式学习是一种有别于机械学习的有意义学习，能达到知识的深度理解和灵活运用的效果。

一 以开放式学习丰富自己的知识体系

教师专业发展是指教师作为一名从事教育教学的专业人员，在其职业生涯中不断提高、发展和完善专业理念、理论水平、知识结构、教学技能等综合素质和能力的过程。②

教师专业发展的内涵主要体现在四个方面。一是自主性。科学发展的日新月异，学生对新知识的渴望和诉求，都对教师的知识结构提出了新的挑战，教师应主动适应时代的变化，以开放包容的心态拥抱变化，与时俱进，使主动学习、终身学习成为自觉行为。二是专业性。每位教师都应做好个人的职业生涯规划，要懂得设计和优化自己的成长路径，在教学活动中不断完善和提升自我，成为行业中的专家。三是持续性。教师的职业过程是一个需要持续学习的过程，是一个需要日积月累获取更多宝贵经验的过程，教师要持之以恒，发挥自身潜能，抓住发展机遇，拓展发

---

① 陶行知：《陶行知全集·第4卷》，湖南教育出版社1985年版，第633页。

② 刘晓春：《疫情背景下行动研究促进教师专业发展价值探析》，载《语文教学通讯·D刊（学术刊）》，2020年第8期，第5—7页。

展空间。四是多样性。教师工作的对象是学生，在完成基础的课堂教学任务外，还须认真开展教研，主动探究立德树人的科学方法和规律。

重视学生成长和个人发展的教师，往往会通过开放式学习不断提升自己的专业能力，对于教育教研展现出浓郁的探究兴趣和奉献精神。社会的进步要求教育不断更新理念和方式，因此，对教育的深入研究无论是对教师教学能力的提升，还是对学生的发展来说都显得尤为重要。教研和命题，这些在别人看来很枯燥的事情，在邱海林老师眼里却值得钻研，而且是越钻研越觉得有趣味的事情。进入到命题的领域后，邱老师发现命题也是一门学问，有探索的无限空间，可以慢慢打磨，可以精益求精。从2009年到现在，邱老师参与了10余年的命题工作，在跟命题团队的成员一起沟通、探讨和研究的过程中，他对教育有了全新的理解。

教学中除了教给学生知识，还需要根据学科的特点，教会学生学习的方法，培养其良好的学习习惯，需要关注学生在课程中的情感体验。成绩好只是一方面，学生充分而自由的发展才是教育的追求所在。"让学生因为我而爱上语文"，这是邱老师的追求。学生可能会因为高考的压力而想要在语文学科上考出好成绩，但是他觉得，不仅要让学生爱上语文课，还要让语文影响孩子的终生，提高孩子的文学素养才是他的目的。为了实现这个目标，在课堂教学上，邱老师会要求自己思考得更深入一些，把工作做得更到位。

首先就是要让自己的课堂教学内容更丰富一些，形式更活泼一些，效果更突出一些。这个背后要做很多的工作，比如自己的专业阅读和备课、对学生情况的了解、对课堂的把控能力等。

素质教育是面向全体学生的教育。在教育活动中，教师要以人为本，以学生为本，面向的是全体学生而不是某一部分人。教师和学生的关系是不对称但平等的关系，也就是说虽然在知识、能力层面上不对称，但在人格、地位上是平等的，教师和学生要以平等的态度相互对待。邱老师发现，有的老师很关注特别优秀的学生，也有的老师特别关注暂时进步不够快的学生，中间部分的学生往往容易被忽视。注意到这个问题后，他就更加注意整体性，既抓两头，也抓中间。

在大学毕业之后，邱老师被分配到距离县城大概30多千米的一个乡镇中学教书。当时的校长考虑到他基本功比较好，所以着意培养他，先让他从高一开始教起。校园虽然不大，但是环境很好，优美舒适，学生们也很淳朴、单纯。

因为自己喜欢书法，他就自发将喜欢书法的学生聚到一起，成立"雨山青少年书法联谊会"，教学生硬笔书法和软笔书法。除了教书法之外，邱老师还会带领学生外出实践，开阔视野，增强技能。这样的日子让邱老师乐在其中。

当时他所教班级的语文成绩跟县城中学成绩基本相当，学校的语文学科被评为区域的优势学科。被调到县城中学之后，连续几年，邱老师的教学成绩都十分突出。

脚步不能丈量的地方，文字可以；眼睛到不了的地方，文字可以。教师要想不断成长，与时俱进，就需要不断地学习，更新自己的思想认知和知识结构，进而完善自己、挑战自己。当不断学习成为一种习惯后，它会使教师的生活习惯、工作追求、精神境界得到丰富和充盈，成为个人向上的动力和源泉。

邱老师把自己所取得的成绩归功于阅读。不论是在上学期间还是在参加工作后，他都一直没有放弃阅读的习惯。读大专期间，他阅读了120多本书。在乡镇中学教书的时候，即使工作任务重，空闲时间少，他也乐于将时间挤一挤，自我"充电"。周末的时间，他大多会出现在新华书店，买很多跟教学相关的书，而像古典文学、现代文学这类相对"冷僻"的书籍，他也会买。由于常常在书店"晃悠"，书店老板都跟他成了朋友。

苏霍姆林斯基说过："能力、志向、才干的培养问题，没有教师的个性对学生个性的直接影响，是不可能实际解决的。能力只能由能力来培养，志向只能由志向来培养，才干也只能由才干来培养。"教师的学识修养会以耳濡目染的方式直接影响学生的认知、思想和行为，进而影响其成长和发展。要培养学生成为一个优秀的人，教师首先要为人师表，努力完善自身，成为一个优秀的人。

为了更好地影响学生，邱老师以大量阅读的方式完善和提升自身。通过大量阅读，邱老师接触到了更前沿的教育教学思想和实践方式，知识面也得到了进一步的扩充。在当时的乡镇中学，包括之后他任职的县里的中学，学生能了解和接触到的资源都比较有限。为了开阔学生的眼界，让他们能有更多的学习资源，用上适合的学习资料做练习，邱老师会认真借鉴。在当时的印刷技术条件下，学生做的练习题并不像现在一样能以很快的速度印制好。于是，他就用刻蜡纸的方法，为学生准备练习的资料。一般情况下，老师一天只能刻一两张，但他认真琢磨提高效率的方法，平均下来，一天可以刻十张。

> 我带学生外出实践，给他们准备练习资料，他们都很高兴。时间过去了这么久，他们现在还记得我带他们练字读书的场景。我觉得对于语文教学来讲，有两个习惯的培养最重要，一个是阅读，另一个是写字。

看到曾经在江苏共事的同事在广州顺利扎根后，他也开始考虑转换工作环境，2006年开始到广州任教。

刚到广州的时候，邱老师的发展并不是很顺遂。因为理论基础比较薄弱，对教育科研涉猎不深，他申报市级的课题接连几次都不成功，用以往的教学习惯跟广州的学生交流也并不顺畅。所幸，邱老师学习的习惯和为学生负责的意识一直都在。出现问题之后，他就主动向老教师们请教，主动学习，汲取更多关于教育心理学和教育理论方面的知识，熟悉当地的环境和教学方式，以良好的心态，不断地努力调整和适应。

对工作的强烈责任感也是教师不断进行开放式学习的动力之一。我国1993年颁布的《中华人民共和国教师法》体现了对教师责任的相关规定："教师是履行教育教学职责的专业人员，承担教书育人，培养社会主义事业建设者和接班人、提高民族素质的使命。"

对于名教师或者名校长来说，做好分内的事是基础，而在做好分内事的前提下主动思考改进和创新的方法是获得进一步发展的必由之路。将教书育人的工作做扎实的责任感在推动邱老师向前发展，而责任感又形成了一股强大的内驱力，推动着他继续向前。凭借着扎实的教学和好文笔，短短三年时间，邱老师又从普通教师走到了行政岗位。为学校校庆写作的《教端学正品质高》一文刊登于《中国教育报》，高考总结文章《潮平两岸阔，风正一帆悬》一文被选录进广州市教育工作会议资料中。他为提升学校美誉度做了很多贡献，这也让他受到了更多的关注与重视。

二中的学习模式和对老师的发展培养让邱老师觉得比较满意，也很有幸福感和自由感。所处的平台高了之后，接触到的同事层次更高，学生的素质也更好。教学相长，通过教学，不但学生得到进步，教师自己的水平也能得到相应的提高。教与学两方面互相影响、互相促进。在学生进步的同时，教师也能增长自己的学问，也会主动往前走。二中坐落在苏元山上，依据自己以往的经验，邱老师和其他几位老师创办了名为《苏元山》的校报。

连续几年,都由邱老师负责文字和审稿,在校内外形成了很好的影响。

2011年,邱老师评选上了广州市骨干教师,后来又遴选为"百千万人才培养工程"的一员。参加"百千万人才培养工程"培训后,邱老师的专业发展也进入了一个快车道:2013年获评广州市名教师,2015年又评上了广东省优秀教师。

> 刚开始我是运动员,后来我变成教练员,现在又变成了导游。

在国企做了六年黄金成分分析之后,王同聚老师拼命自学了一年,拿到了初级程序员结业证书,然后贸然来到广州。最开始他进入计算机行业只是为了谋生,但是在这个过程中,他付出了很多,自身也在不断成长。

> 其实我在备课的时候,有的问题还没搞明白,讲课的时候自己突然就明白了,就这样边学边做边创,一路走过来。这一路走来,形容起来就是:别人在追星,我是在追"新",啥"新"我追啥。

贾国富老师起初在大队小学教书,后来到中学去代课,高考恢复之后他考到了襄阳的一所师范学校,之后又决定去进修。被问及当初的学历已经可以在学校里做得游刃有余为何还要继续进修时,贾老师很诚恳地说:"在学校,要求低一点的话,这个学历是够了的,要是要求高一点的话,要想教好学生,还是要提高一下教育教学水平。"如今,贾老师已评上正高级教师,当初坚持写书的习惯也一直保持着。在他看来,正高级教师代表的更多是责任与职责,不仅仅是对学生负责,自身也有责任带动其他老师继续学习；同时，视野还要放得更广一些，还要对社会有责任感。"拥有责任心就拥有了善良，它需要觉悟，就像泥土中的种子需要阳光雨露的滋润一般。"正因为这股力量的存在，贾老师做起事情来会感觉很愉快。

> 有时候把书写出来是很费心思的，但更多的是感受到一种愉悦。我想把能对别人有点影响的东西写出来分享给大家，而且我觉得这个事情值得去做，做完了会感到一种愉悦。

从贾老师的做事风格中，我们大抵可以得出这样的结论：贾老师不是事情做得最多的那一个，但他做教育往往比大多数人做得更投入，学习的心态更好。例如办教师工作室时，贾老师会比别人投入得多一些，从而研究的东西自然也会多一些。不管未来会发生什么，他的每一步都会走得特别扎实。

> 我在一次讲话中说到，我这一生，没有远大的目标，但是我有一个方向，那就是向上、向前。

教育教学一线有许多接地气的课题素材值得去研究，这些素材与学生的学习和未来的成长，与教师常规教学工作和专业发展，与一线的教学教改都贴得很近、贴得很紧。即便即将退休，贾老师也没有停止对教学教研的探索，他与时俱进，在教育教学中带头使用现代化教育手段，将多媒体网络平台与教师培训和课堂教学有机整合。他一直关注着教育信息化的发展变化，在教育战线上，他一直焕发着青春。

除了反思、写作，罗夕花老师也觉得对她影响最大的是阅读。她的阅读不仅仅是专业方面的阅读，也包括能够提高自己文学修养的阅读。此外，阅读还会促使她更好地反思，更好地用文字进行表达。

在被通知下学期开始以教研员的身份主管全区一、五年级时，罗老师有些手足无措。因为没有经过系统的学习培训，在如何命题、如何观课和评课方面她都没有经验。面对新的任务，罗老师选择向书本求助，从书中汲取养分。

成功不是一蹴而就的事，而是需要默默探索和坚持。对于教师的成长，林拱标校长（高级教师、广东省第一批中小学幼儿园教师研训专家库委员、广东省中小学教师工作优秀主持人）认为，历练是非常必要的，比如说现在的教师轮岗制度就是一项很好的举措，可以丰富教育阅历，对青年教师来说是珍贵的经历。

教师也要关注和研读好教育政策。教育政策的制定是为了解决当前教育中的一些难点问题，但更重要的是为未来的教育做顶层设计。因此，教育政策绝不仅仅是教育官员或者是校长要关心的事，作为一线教师，认真学习政策也是必需的。林拱标校长举例说，2018年初出台的《中共中央 国务院关于全面深化新时代教师队伍建设改革的意见》是纲领性文件，直接影响教师的培养与专业发展，教师如果不关注就很容易落后于时代的发展。

可以说，开放式学习是教师专业化成长的最强助力。它是一种"海纳百川，有容乃大"的心态和学习思路，是一种"取彼之长，补己之短"的做法：整合学习资源，采用多种学习方式，最终达到学习效果。开放性学习通常会因知识和思想的融合产生新的模式和风格等，并最终凝聚成教师自身的独特优势。

二 在不断实践中锻炼自我成长能力

行动或者说实践作为一种学习的方式，是以学习者亲身经历的方式探究学习的奥秘，在实践和学习的过程中探究知识的奥秘，从而获得解决问题的方法、促进自身经验的积累，以及自身能力的发展。从学习者的角度来看，学习的对象——知识，不是与生俱来的，而是存在于主体之外的；还有很多难于理解的晦涩知识，更是隐藏在现实的深处。如何把相对独立的知识转化为学习者能理解和掌握的知识，需要学习者亲历和主动参与、融入学习，在实践中体验和思考。如此，才能有效地促进学习者个人知识经验的生成和发展。

从事教师这一职业这么多年，罗夕花老师一直坚定自己的理想，用她自己的话来说，是因为"在每个时间节点都会有促使自己去努力奋斗的一些原因"。

参加工作三年后，因为在教学科研方面表现突出，罗老师被提拔为学校的行政主任。2001年，罗老师和丈夫一起参加了全国招聘，随后到了海珠区的一所小学任教。2004年，她又代表整个区参加市的教学竞赛，荣获第一名和一等奖。

在这所学校，罗老师得到了很好的发展土壤和成长空间，并获得了很多荣誉。因为这些契机和荣誉，罗老师觉得要努力提升自己。教育，不只是传授知识，更是教师以自己为光亮，唤醒孩子心中的真善美，唤醒孩子心中对知识的渴望，对世界的探索之心，对自然的美的爱护和欣赏。相对于任课老师，班主任的工作量和工作压力更大。因为班主任要应对班级中发生的所有事情，并与家长做好沟通，工作难度很高，责任也更大。在语文专业方面，罗老师的能力得到了很好的提升，但是她想做的还是班主任工作。

在班主任工作方面，她有自己的经验和方法。比如在学期初和学期末，她都会申请开家长会，并且用一个星期的时间准备自己的发言稿。另外，在家长委员会还不怎么流行的时候，她就已经颇具前瞻性和创造力地成立了家长委员会，凝聚家长的力量，营造一个和谐共育的氛围。

> 其实家长很乐意参与孩子的教育和学校的活动，只是你要告诉他应该怎么做。每次我出去学习或者我们班举办什么活动的时候，我们的家长委员会都会承担所有的策划工作。

教师和家长之间的良好互动与协作可以提升教育成效。教师与家长有责任和义务正确地引导学生，使其在身体和心理方面健康发展，而家校合作正是教育学生的良好途径。通过家校合作，双方可以互相交流信息，为培养孩子健康成长寻求最合适的方法。双方还可以互相学习，帮助孩子认识自我。

她把家长自己写的"亲子共读"体会分享出来，让大家互相学习、彼此鼓劲，在"亲子阅读"的路上收获幸福，获得前行的动力，从而自觉地做"课外阅读的推广人"。

通过坚持与家长进行沟通和交流的实践，罗老师与家长之间的互动更为默契和有效。在一次罗老师出差途中，学校刚好要进行班级篮球比赛。在她与家委会的安排下，啦啦队的服装、后勤、摄影都安排得井井有条。在学期末，家委会会组织全班的家长、孩子，邀请所有的任课老师，开展"一日游"活动。

> 家委会工作做得很细致，所有活动策划得非常到位。孩子们一起玩得很开心，老师和家长也有了更多的交流。

除了家委会工作之外，她也喜欢给家长写信。在当时，给家长写信的做法在老师中并不少见，但是能坚持下来的却不多。从2004年当一年级的班主任开始，她从一年级到六年级都坚持给家长写信。在信中，她会把自己对语文专业的理解、教育理念以及孩子的学科学习、互动交流、户外活动等情况通过信件的形式跟家长们交流。当记忆以文字的方式记录下来时，人的内心也会像文字一样慢慢沉淀下来。写信的时候，她会回顾一天发生的事情，回想学生的表现，反思自己的教育方式，也有了更多静下心来思考的机会。

随着教育理念和教学方法的更新，再回首看之前自己写的信时，罗老师明显感觉有些"过时"了，但是她对孩子学习的用心却能通过信上的文字体现出来。在她的带动下，学生家长也会给她写信，与她交流孩子在家里的表现、心理状态以及学习情况。

后来，罗老师把她与家长之间的书信集合出了一本书。这件事情被《南方日报》等媒体报道过，之后她与家长的故事又以《我的教育故事》专场表演的方式被搬上了银幕。

刚转岗做语文教研员时，罗老师为了适应工作，花了很多时间去实践。教研员作为课程与教学的研究者、教师专业发展的促进者、区域教学研究的组织者、教育改革政策的转化者和教学质量的监督与评估者，必须要具备更加广阔的专业视野，既要研究教材、教法和学生，也要研究课程标准、核心素养、前沿的教育教学理论、考纲和教师。唯有花时间研究和琢磨，才能指导好教师的课堂教学和专业提升，同时为学生的全面发展、教师的专业发展和学校的特色发展做好服务。当班主任的经历为她做语文教研员工作提供了不少帮助。在做教研员的五年里，罗老师多次被学校请去开家长会，由她跟家长面对面讲授"如何做一个好家长""如何引导孩子做课外阅读""如何在语文学习方面辅导孩子"。因为自己早期的工作经验，她更能理解孩子和家长的心理。在语文教学研究中，她更倾向于从孩子的角度出发对教师进行培训，以生为本。

而温利广老师会把化学课知识点改编成相声、小品，每年都会指导学生表演"化学相声"，并拍成录像。其他老师看过之后觉得不错，建议他写出来，后来，他的化学相声教学随笔就因此发表出来了。

他认为，摆在教学（尤其是理科教学）第一位的应是"帮助学生成长为具有人性的人"。温老师深深体会到，养成"人性"比学会知识更重要，因为只有具有足够的人文素养和情感丰富的人才能真正理解科学技术的价值，并正确运用科学技术服务于社会。他坚信，这样的教学追求可以帮助我们跳出"应试"的条条框框，从而使课堂变得有内涵、有品位。

科学技术是把双刃剑，温老师认为，作为一名理科教师，除了教会学生化学知识，还应该培养学生的综合素质和学习能力。这也就是为什么他把"有情"也融入自己的教学之中。

> 一个人掌握了科学技术，知道很多科学知识，这很重要，但他能不能正确地理解和运用知识，这一点更为重要。没有人文情怀的人是没法真正理解这些科学知识的价值的。我总会找到一个切入点，把这些东西传递给我的学生。

课外探究活动是对课堂活动的拓展。温老师会在课外探究活动中突出并且有意识地引导学生关注化学与环境的关系。他多次跟学生分享和宣传类似的课题，希望自己的学生在将来无论担任何职都能有一份宝贵的人文情怀，多思考人与自然的关系，保护生态环境。

> 我跟我的学生说，十年八年之后，或者更久，假设有的人成了企业老板，成为镇长、区长甚至市长，你们在拍板的时候，如果能三思而后行，还想起跟化学老师做的跟环保有关的课题，或者老师跟你说的关爱地球、保护环境的话，从而促使你们做出正确的决策，你们就是我最值得骄傲的学生。

创新是 21 世纪鲜明的时代特征，科学技术的发展日新月异，新的理论、观点、学科层出不穷，知识更新频率明显加快。社会进步加速，产业结构调整紧迫，经济转型期所产生的新情况、新问题、新矛盾，要求现代教师必须根据社会、市场对教育带来的影响，不断创新，改革传统教育模式，适应社会发展需要，以求生存和发展，而这正是教师不断获得新思想的动力。

许昌良校长（正高级教师、广州市基础教育杰出人才、广州市名校长工作室主持人）从1995年开始做校长，先是在江苏农村乡镇学校任教，后来转到县城，再到市，最后来到了广东省广州市。

刚开始的时候，他并没有做校长的想法与愿望，被推荐之后慢慢做，在过程中不断积累经验。起初他是凭借着热情与干劲，一心只想把事情做好。到了2003年，在第三所学校当校长后，许校长才感觉自己对学校的发展有了整体的思考和规划。

> 办一所学校之前，要先画一张地图，在地图上行走，再来修改这张地图。教师还是要基于学校，要有一个系统的规划和思考，用我们现在的话来讲，就是要有一个专业思考与顶层设计。

从2003年开始，许校长就会为学校做发展规划、系统思考，围绕学校的整体办学理念、目标定位、具体目标的分解来确定办学的措施，利用学校的办学资源推动学校的发展。从名教师到名校长的转换过程，对他来说也充满了挑战。

> 对一个校长来说，做一个名校长，就是要做一个课堂的专家、教师的专家、教育的专家。

他觉得做校长其实是面对两个世界，一个是管理，一个是教学、专业，并在这两个领域、两个世界之间徘徊。做校长，一是要评上职称、评正高，二是要在教学一线。校长在教学一线、在教学前沿，首先会对教师有示范引领作用，对教学的钻研、对教学的理解、对教师职业的酸甜苦辣都会有更深的感受，对教学领导也有好的作用。但是，因为校长的精力有限，教学和管理经常会出现时间冲突的情况，显得心有余而力不足。

知识积累、阅历丰富、心态改观，这些让许校长在这一路上不断与时俱进、求新求变。他觉得，不仅仅是因为生活的城市和工作环境的变化，更多的是心境的变化，因为自己的内心不断地开悟，对教育的理解在改变，人生的经验也在积累。

> 我总结自己走过的校长之路，可能当我担任校长三十年之后，当校长的想法跟我之前的想法会完全不一样。从常规管理，教师培养、学校的发展规划和文化内涵，到全面推进教育思想的主张，再到自己更加自觉地办一所有品质的学校，这些想法都在变。虽然说随着时间的推移，国家各方面的政策在向前推进，但其实这个过程中也需要自己不断明白、不断懂得、不断觉悟，更要从外到内到更深层次去思考和探讨。

许校长花了近三十年走了"四步"，前面的六七年在两所学校，因为有教学和管理上的经验和知识的积累，加上自己的热爱、干劲与感悟，他自发地在走。在这六七年间，他从农村的业务骨干走上第一所任职学校的领导岗位，用习惯的方式做事；到第二所学校的时候，他开始抓教师发展和教师的专业化；到第三所学校，他开始做规划、引领；在第四所学校，他开始全面推进，提升内涵。到现在任职的华侨外国语学校，他更多考虑的是教育的国际化，思考如何做到符合教育的目的和规律。

我们之前提到过的始终在追"新"的王同聚老师,"与时俱进"的观点在他的身上同样获得了验证。2013年,趁所在单位搬迁之际,王老师与其他同事一起建立了一个智能机器人体验中心,给全市中小学带来一个体验智能机器人的机会。也就在这个时期,创客教育发展起来,王老师马上在体验中心加入了创客的元素,比如3D打印、Scratch等,把体验中心变为一个创客空间,并起名为"智能机器人创客空间"(简称"智创"),里面涉及的内容有机器人、3D打印技术、Scratch的机器融合。"智创"这些年来一直都在运营,在国内拥有一定的影响力。为此,在2015年的时候,王老师提出了"创客教育的三剑客"。2016年正好是VR(虚拟现实)元年,王老师又把VR技术、无人机(也称空中机器人)、App Inventor与机器人融合作为创客教育的新三剑客。

在开展机器人教育时,王老师首先以兴趣小组的形式辅导学生制作机器人,并参加各类与机器人相关的科技竞赛活动。然后以校本课程的形式进入课堂,扩大机器人教育的普及面,"精英教育"与"普及教育"两条线并行。其间,通过场室建设、竞赛辅导、课程开发、模式构建、创造发明、论文写作、课题研究等一系列的实践与研究,形成了一套成熟的开展机器人科技教育的经验和研究成果。

根据机器人课程实操性强的特点,王老师经过多年的实践研究,在汲取翻转课堂、研学后教等教学模式优点的基础上,基于"微课"在机器人教学中的应用,构建了"微课导学"教学模式,并以此作为对"翻转课堂"教学模式的拓展和延伸。利用微课辅助教学,每个学生面前都有一台电脑,通过微课来指导学生学习,相当于每个学生身边都有一位教师,让教师从繁重的重复性讲述中解脱出来。当学生遇到不懂的地方时,可以进行答疑解惑,课后还可以通过微课来复习当天所学内容。因此,采用"微课导学"教学模式进行创客学习,可以带领学生开展项目学习、探究式学习、体验式学习、协作性学习活动，充分调动学生自主性学习、个性化学习的积极性，提高教学效率。①

布鲁姆把认知能力分为六个层次：记忆、理解、应用、分析、评价、创造。前三个层次为初级认知，后三个层次为高级认知，分别对应的是初阶思维和高阶思维。学习方式的转变无疑是课程改革的突破口，也是创新人才培养的着力点。什么样的学习方式更有利于学生创新思维的激发？何勇校长对此展开了积极的探索。他认为，虽然教师对学生的认知能力也有全面的要求，但就纸笔测试而言，学生只要将知识记忆、理解和运用（解题）达到熟练程度，就可以取得很好的学业成绩。尽管教学改革如火如荼、经验频出，但不得不说，改革主要影响的是认知领域的记忆、理解和应用的教学。

> 我们的教学往往满足于学生取得优秀的学习成绩，其认知也停留在初级认知层次，丧失了培养创新意识、创新思维的机会。因此，我们希望把学生的认知与思维引向更高的层次，开展"深度学习"。

"深度学习"是对"学什么""怎么学"的重新解读。相较于重视知识掌握的传统学习方式，深度学习强调理解和分析知识、整合和转化知识、运用知识解决实际问题，以及创生新的知识，认知目标指向布鲁姆的高层次目标。

关于"学什么"，学校自主的空间并不大，但"怎样学"却是学校可以主导的。为实现合作学习，何校长所在的学校与合作高校成立学研小组，由学生根据兴趣爱好，以3～5人为一组进

---

① 王同聚：《人工智能进入中小学的过去、现在和未来》，载《今日教育》，2020年第C1期，第16-21页。

行自由组合。学研小组整合课程学习与课题研究,学习策略是"双线并进,双重学研"。课程学习线的学习策略为"自主学习,同伴互助,教师指导";课题研究线的学习策略为"导师引领,团队促进,小组合作"。学研小组加入导师的课题研究团队中,建立"导师+研究生+本科生+高中生"的"学研共同体"。高中生在团队中向本科生、研究生学习,承担力所能及的科研任务,并得到导师、学长的贴身指导。学生将在研究中养成的科学态度、创新思维、研究方法迁移到课程学习,进一步提高学习效率和学业成绩。如此,课程学习与课题研究齐头并进,在凸显学生创新素养的同时,促进其学业成绩的提高,由此形成了"小组学研双机制"的学习方式。①

在"深度学习"的实践下,学生收获颇丰。比如学生做的"捕蝇草"捕蝇机制的研究。学生整整研究了一年半的时间,切片做了一千多张,实验方案经过多次调整,在多次失败中坚持并完成了课题研究,通过重重答辩,最终获得丘成桐科学奖(生物)金奖。

这种学研方式促进了学生学习认知水平的提高。第一是学生变被动为主动,无论是课程学习还是课题研究,都是自己学习、自己选择研究的切入点,然后和同伴互动,获得教师团队的指导。学生学会了管理自己的时间,安排自己的学研计划。第二是学生的团队意识明显提升,每个人都是团队的一员,分工合作,共同分享,相互促进。第三是解决问题意识的增强,在研究的过程中,提出假设,实验探索,数据分析,反思改进,接受质疑,学生自主探索的动力明显增

---

① 齐林泉:《广东省广州市执信中学校长何勇:变革学习方式》,见搜狐网(https://www.sohu.com/a/376267872_497980,2020-02-27)。

强。第四是学生的创新能力逐渐提高。

教师在执行指向深度学习的教学中扮演着非常重要的角色。教师和学生构成学习共同体，与学生一起学习。他们可以从学生的视角观察学生的学习进程，及时了解教学策略和学习策略可否达到预期目标；在学生遇到学习挑战时能提供高质量的反馈并及时予以鼓励；能充分运用各种教学策略和数字化工具，成为促进学生深度学习的积极推动者、有效学习体验的设计者和学习过程中的合作者，最终实现教学相长的双赢。

在江伟英校长曾任教的班级里，每个孩子都有一个图画本。语文课文预习也不是读一遍了事，而是根据课本画一幅画等。

把所有自己看出来的东西，用自己明白的方式画出来，形成阅读思维导图。每篇新课文的第一堂课，是生字词自学汇报课。学生上台将找到的生字词、四字词、叠词、多音字词等写到黑板上；台下学生充当"小老师"，发现错别字；当堂听写、同桌交换批改、订正；学生当堂能达到93%以上的生字词过关率。学生的课后作业负担很小，只有订正课堂上写错的字词、听写。第二堂课是汇报。不是老师而是学生讲课文，学生无须举手随时可自由发言，每个学生都要汇报一个内容。

课后，学生们再把自己的导图整理、补充完整，在这个过程中，也许又会有其他的发现。养成习惯之后，课堂中最忙碌的就是学生了，教师只需静观、调控和提点即可。

思维导图的形象性、层次性、关联性和可扩展性，能将大脑思维过程具体化、可视化和直观化。

阅读中，思维导图帮助学生记忆、组织与创造，提升思维技巧、启迪发现、激发探索和求知热情。有了阅读的输入，作文输出也不是难事。写作中，思维导图引领、整合学生思维。江校长指导孩子们：第一步是将所有围绕创作主题的意念或事情的关键词写下来或简单地画出来；第二步是让大脑放松，回忆、联想或思考片刻，对画出的内容进行筛选，或继续补充内容，完善写作导图；第三步是修改和完善，组织所选意念，完成写作。

很多人可能会在素质教育与应试教育之间纠结，做素质教育是否就意味着不顾学生的学习成绩与能力了呢？何树声校长不是这样认为的。他认为，作为教师，既要胸怀教育的理想，仰望星空，也要办好现实的教育，脚踏实地。

> 我们希望培养的人才有素质，那就要办好现实的教育。学生在中学要学习系统的知识，而且不可避免地要通过考试来体现他的学习能力。所以，在教学中，我们推行了高效课堂。

何校长认为，既然不能避免，那就去面对；既然要面对，就要找出高效的方法，让学生和老师不用那么辛苦，并且提高学习效率。所以，在教学方面，他主张方法科学、过程愉悦、结果理想。与此同时，他不断在教学中进行研究，探索总结出来的"学案引导—自主学习—教师点拨—练习巩固—拓展应用"教学模式已成为教师们高效教学的主要模式，并逐步形成了体现自主教育理念的"立足基础，能力至上，高效愉悦"的风格。

作为区教育局选拔、引进的名校长，在上任同和中学校长之前，蔺景峰校长（高级教师、优秀青年特级教师）曾在黑龙江省牡丹江市任教二十多年。二十多年里，他担任过英语教师、班主任、团委书记、教学主任、教导处主任、教学副校长、校长兼党支部书记等职位；2004年晋升为中学高级教师；2008年被授予"特级教师"称号，还荣获"国家中小学优秀外语教师""研究型校长""省劳动模范""全国五一劳动奖章"等称号。

荣誉只属于过去，我仍会为每一个今天努力和奉献，应对每天遇到的问题和困难，因为我知道办法总比困难多。

蔺校长说，常在校园里转一转、看一看，就会对学校的人和事更了解，才能得心应手地处理问题，有的放矢地开展工作。到任同和中学不到一个月，蔺校长已经把该校存在的问题和学校特色摸查得七七八八，一个个发展计划正在他的心里酝酿。他心想，既然来到白云区、来到同和中学，他就要为白云区、为同和中学贡献他的全部热情和智慧。

我也给同和中学定了一个初级目标，五年内至少让同和中学的教学质量在全区的位次提升两位。

蔺校长表示，除了学习成绩，他要重点突出一个中心，即学生发展核心素养。蔺校长认为，活动是培养学生发展核心素养和落实社会主义核心价值观的一个最佳载体。培养学生发展核心素养，课堂永远是主阵地，让课堂由"教师中心"转向"学生中心"，让"教学"转向"育人"，才能保证学科核心素养的落地；同时，要坚持"体验教育"这条主线，而体验教育包括体验式的德育，实践体验课程，等等。

同和中学在管乐团、合唱团、篮球方面有自己的优势，他计划将这些优势打造成同和中学的特色和亮点，并推进一些特色课程，比如，充分利用好"植物园""地理园"等，提高学生们的动手能力，加强对学生核心素养的培养。像之前任职的中学那样开启"学讲练评"课堂教学模式，蔺校长希望通过努力，至少让同和周边的学生都喜欢上同和中学。

从马克思的理论观点中，我们知晓，检验真理的唯一标准是实践，那些离开实践谈论思维的现实性与非现实性的争吵，也只能是争吵。同时，这一理论凸显了与时俱进的精神。实践的发展是不断进行的，也许某种思维、某种理论可以指导当下的实践成为真理，但有可能在下一阶段就不符合发展了的实践的要求。因此，思维、理论的发展必须具备与时俱进的基本品质，才能跟上实践的步伐，成为指导实践的真理，而这正是创新的动力与源泉。

三　在坚持反思中提升自我素养

《论语》曰："吾日三省吾身。"在现在这个对教师素质要求很高的时代，对教师而言，能否"反思教学"，已经成为教师是否专业化的一个重要标志。所以，一个教师会不会教学反思，能不能坚持教学反思，已经成为一个教师能力的重要体现。反思也成为提高教学能力的重要催化剂。

教学反思是一门"批判性的艺术"。它需要教师运用先进的教育理念，对自己过去的教学活动进行审视和分析，找出课堂的利与弊，从而达到自我提高。它不能流于表面，浮于形式，它要真正地入木三分，找出不足，然后对症下药。长期如此，教师才能发现自身教学中的问题，激发出自己的积极性和创造性，达到反思意识的觉醒，推动教学能力的增强。

美国学者格拉特霍恩（Glatthorn）指出，教师通过教学过程中教学经验的不断增加以及对教学过程的不断反思，以促进专业能力的成长。由此可见，教师的专业发展过程必须加强反思，积累解决问题的经验，通过改进课堂教学设计，运用多种教学手段等提升课程教学的实施效果。罗夕花老师会经常反观自己的教学行为，思考自己的教育行为跟自己的教学目标是否具有一致性。

罗老师说，她的"语文之路"大致可以分为三个阶段。第一个阶段是前五年，这个阶段是懵懵懂懂的，只知道教一本书，不知道为什么教这本书。那个时候，她对语文的思考是很感性的，仅仅停留在怎样把一节课上得让学生喜欢并能提高学生的学业成绩这个层面。

第五年至第十年，罗老师开始反思自己的课堂，究竟自己所做的哪些事情对学生的发展有帮助，哪些事情是为了应试。经过自我解剖，她发现自己有很多教学行为不是给孩子们最好的语文养料，而是为了应试。

这些发现让她觉得很痛苦。他是继续在应试的路上走下去，还是冲破应试教育对语文的束缚，走自己的路？最终，罗老师决心要用自己的改革和实践，为孩子们送上一阵清风，撑起一片天空。于是在课堂上，她尽力做到不做琐碎的提问，不布置枯燥的练习，始终以"让学生学得快乐、学得扎实、学得灵活"的标准来要求自己。这是第二个阶段。

第三个阶段，也就是新课改以来，罗老师开始思考这样的问题：我们的语文教学能为学生的可持续发展做些什么？由此，她经常想，我们的语文教学能做些对孩子终身有益的事情吗？我们的眼光能看得更远一点吗？

这样的思考，促使罗老师在"语文"的道路上不断实践、不断创新。她开始以教育科研为抓手，针对自己教育教学工作中遇到的问题以及对小学语文教学的思考进行"单元模块整合教学"的课题研究，旨在选择最优的教学手段，获得最大的知识效益和最佳的教学效果，同时使学生实现各种语文能力的提升。

坚持反思，不仅要反思问题，提出解决措施，也需要更新观念，适时转变思维。贾国富老师认为，教师这一职业角色和职能，要从传统的"传道、授业、解惑"转变为教育活动的组织者、设计者与合作者，加入学生人生的大舞台，与学生一起导演未来。

对学生负责,意味着对学生终身负责,教学几年,却要对其往后几十年的发展负责。要精心培养学生适应未来社会生活和竞争的核心素养。

贾老师认为,教师要养成反思的习惯,不断反思教育、反思教学行为、反思教学方法、反思教学思想,还要不断反思自己的教学成果,要把民族精神、社会责任感、科学与人文素养、创新精神与实践能力的培养贯穿到教学活动中。他在反思中坚守着,苦乐同行。

那种只注重学生眼前成绩和考试名次的态度和行为是不负责任的。

刚踏上讲台时,郑贤老师也有过迷茫:"为什么教课外活动小组的孩子能学得出色,而课内的孩子的教学效果就逊色很多?反差怎么会这么大?"为此,她积极反思自己的教学。其间,一次代课的经历让她更新了对课堂教学的认识。当时学校有一位数学老师生病住院了,学校安排郑老师代课。因为郑老师缺乏教学经验,所以学校要求她尽可能边听课边上课。正是在听课中,郑老师明白了:术有专攻但教无定法。每一个学科的知识领域虽然不同,但教学的方法却是一脉相承、互有相通、各有特点与风采的。从那以后,每当学校有公开课、研讨课,无论是哪一个学科,只要没课,郑老师都会去听课。

郑老师虚心求学、善于反思、刻苦钻研,从一个不懂上课的新手迅速成长为教坛新秀。从教学的第三年起,郑老师开始上全市的公开课,并多次在省、市优质课或现场课比赛中获一等奖。

马克思指出人的劳动有两种目的，即满足生存需要和实现本质力量，其中，实现本质力量是高于满足生存需要的超功利目的。马克思认为，对人而言，最重要的是人自身的发展，自我发展和自我实现是生活中最高的善。如果满足生存需要是劳动的唯一目的，那么到了不劳动也能获得充足生活资料的历史阶段，劳动就失去了目的和动力。

如果说学习是终生的事业，那么反思就是促进学习成效的一剂良药。当遇到困难的时候，外求于人、物和内求于己都是解决问题的途径。外求于人、物是为了开阔视野，将自己的眼界放宽，汲取更多灵感，以开放式学习促进自身进步；内求于己是为了对知识进行消化吸收，对问题进行更好地剖析和思考，以最终解决问题。对待出现的各种难题，名校长和名教师虽有困惑或失意，但是通过融合内外的力量，就可以很快重拾前行的动力，再次出发，以开放的心态，去接受更多的挑战，获得更多的体验，从而实现自我的不断完善。

第四章
在不断创造中自我超越

经过了前面三个阶段的积累，教师专业发展会再上一个台阶，不断完善和深化自己的教育教学思想或者办学思想，即本章节所提到的——实现自我超越。此刻，教师的创新性思维能力不断加强，从而在自己的事业上获得创造性发展。教师一边坚持行走，一边自主思考，这在很大程度上会激发他的创造性，实现从批判到自我批判，从模仿式学习到创新性发展，最后达到构建和超越。在本章中，笔者梳理了名校长和名教师的办学思想、教育思想、教学风格，讲述了校长或教师的思想及教育教学效果。

一 优质教育呼唤办学思想的凝练

办学思想是价值观念在学校办学、治校、育人目标的体现，是教育思想与学校实际办学条件有机结合在办学目标上的反映，是国家教育方针在学校的具体化，是校长在一定教育思想的支配下，融进自己（也包括学校其他领导和教职工）对教育方针的理解，结合本校实际而形成的自己的办学治校育人的指导思想。确立正确的办学思想，这既是办学的首要问题，也是立校之本。

校长的办学思想体现了校长对办学的追求。办学思想是一种观念，更是一种思维结构，是校长对教育的理性认识和理想追求。它决定了校长的教育行为，指导学校的办学方向，定位学校的品牌形象。进入 21 世纪，要办什么样的学校，是每个校长需要思考的重要课题。特别是在课程改革的时候，校长具有什么样的办学思想，关系着改革目标的实现与否。

陈兆兴校长（正高级教师、广州市优秀教师、广州市优秀教育工作者）用冯友兰的"人生四境界"（自然境界、功利境界、道德境界和天地境界）来诠释教师的职业追求，用马斯洛需求层次理论来指引教师的专业化途径，用马克思、恩格斯关于人的"生存、享受、发展"的理论来剖析教师的职业状态。以这些理论为依托，陈校长提出"让每一位师生享受幸福的人生"的办学理念，引领师生在体验当下的进步中体验幸福，倡导"让每个学生得到充分的发展，让每位教师享受职业的幸福，让各位家长收获成功的喜悦"的教育理想。

陈兆兴校长认为，基础教育不是选拔适合教育的学生，而是创造适合不同学生的教育。全面发展不是所有人的德、智、体、美、劳等基础素质的平均发展，而是基础素质与个性特长的全面发展。教育过程的公平在于，使具有不同潜能的学生接受适合自身发展的教育。所以，当时还在四十一中任教的陈兆兴校长希望每个学生都能在自己原有的基础上有所进步，并努力做到阳光自信、习惯良好、勇于担当、善于合作、富有个性、身心健康。

邱榕基校长认为，爱是教育的基石。校长对校园文化要有传承的爱，学校文化是一种高品位的育人文化，办什么样的学校很大程度上取决于校长对文化的认知。校长要爱护学校一草一木，营造优美的教学环境，要基于校园固有的文化自信，对学生要有父母般的爱，对教师要有朋友般的爱。

作为校长，要为学校营造自由民主的学术环境，并创性地开展教学工作；要关心教师事业发展，打造学校名师工程，做到"事业留人"，为普通教师搭一把手。对教师来说，校长不是"老板""一把手"的角色，而是与教师合作办学的伙伴，校长要走进一线教师队伍中去，关心教师的需要，分享教师的甘苦，要用朋友般的情谊凝聚大家创业的力量。①

> 作为校长,首先要心中有爱,才能培育出有爱心的教师和学生。要在校园、学生和教师心中撒下爱的种子,让它们成长为参天大树,形成茂密的森林。

邱校长认为,作为校长要让校园里的每一处花草树木和建筑都有故事、都会说话;要让每个学生都沐浴在温暖的阳光里;要让教师收获职业幸福感,拥有生活的满足感;要用仁爱撒播真情的种子,用生命孕育一片茂密的树林,推动学校阔步前行,促进学生健康快乐地成长。

在教学管理工作中,邱校长提出了"三大特色构想"。一是以孔子"仁爱"精神作为教学的灵魂。在教学工作中,教师对学生要充满爱。没有爱,无论他的教学能力达到什么水平,一切教育都无从谈起。一位优秀教师首先应该是一位学生喜欢的教师。学生对老师也要充满爱,离开了爱,就缺乏了学习的动力。大部分学生都是因为喜爱某位老师才会喜欢他所教的学科。

二是在教学上实施"目标引领、活学巧用"的高效课堂模式,倡导"因材施教、循序渐进"和"学、思、行结合"的教学原则。学校应认真学习和领会关于孔子的启发式教育思想,在"以人为本,和谐发展"的办学理念和"依本、质疑、合作、共进"的教学理念引领下,确立"目标引领,活学巧用"课堂教学模式。

三是挖掘和塑造校园孔子文化的教学资源。学校有孔圣殿、明伦堂、民俗博物馆等历史建筑,也有学宫广场、杏坛讲学厅、

---

① 邱榕基:《校长心中要装满爱的种子》,载《国家教师科研专项基金科研成果(五)》,国家教师科研基金管理办公室,2017年第2期。

东西方文化长廊、翠廊、观川亭、校友亭、知书亭、状元路、榕园等场所。利用这些建筑和场所,学校建立了富有儒学特色的美术展示工作室、音乐欣赏工作室、历史博览工作室、政治明伦工作室等,还在校园走廊上镌刻了论语经典、名人名言等,努力使"每一面墙壁都会说话",充分利用每一块空间,整个校园就是一本活教材、一个大课堂,处处体现出儒家文化的神韵,处处彰显着传统文化的魅力。

彭建平校长以创办师生共同发展的充满生命愉悦的卓越学校为目标,大力开展"生命激扬生命,三年影响一生"理念下的激扬生命教育实践,创建"六环一步"的生命激扬课堂,开设第三学期课程,设立校园奥斯卡奖,颁发校园五色奖章,开展生命叙事,改革管理结构,建设激扬生命学校文化等。学校通过丰富多彩的教育教学活动,激扬生命教育的成果在省内外产生了较大影响,吸引了许多省内外同行前来学校参观学习。

在彭校长看来,他所关注的生命意义,不是仅仅定义在对自然生命的理解上。"生命激扬生命",是教师对学生生命的激扬,是学生对教师生命的激扬;也是教师与教师之间、学生与学生之间生命的相互激扬,更是教师主体与学生主体之间的相互激扬。这就充分肯定了师生在各自成长与发展过程中的自主地位及相互作用,因为教学本身就是教师与学生之间相互作用、相互影响的结果。

> 激扬生命教育有三个关键点:一是以生命为教育的基点,形成激扬生命的教育;二是尊重生命的特性,发现和激发潜能;三是追求生命的美好,成就幸福的人生。激扬生命的教育把生命作为教育的核心,尊重生命,敬畏生命,让人的潜能得到充分的发挥,使人的天性得到自由的发展,从而实现完整精神的构建和健全人格的培养。

"完整的教育生活"理念是何勇校长所提倡的。他认为，每个孩子都是独一无二的，都有其自身的价值。教育应该发现和发展他们的潜能，激发他们的志趣，实现他们的个性发展，让他们成为最好的自己。学校教育就应以此为目标，为师生提供完整的教育生活。所谓完整的教育生活，就是在教育目标上，既关注师生角色上的要求，又关注他们作为普通人身心发展的需要，体现差异发展；在教学内容上，根据学校特色、培养目标以及师生适应未来社会发展需要，提供多样化课程；在教育途径与方法上，因循师生身心协调发展，培养他们高雅的情趣和健全的人格；在教育过程中，要基于生活，立足实践，面向社会，让师生主动参与教育教学的全过程；在教育评价上，要注重多元化、人性化和科学化，进行发展性评价，让每个人都能找到自己的方向。

人应该是完整的，必须靠完整的教育生活来成全。

学校是师生教育生活最主要的场所，一所整洁有序、设施完善、充满文化底蕴和人文情怀的校园，是师生完整教育生活的基础。通过学校文化与校园环境建设统整融合，可以把学校文化以具象化的形式融入学校环境之中，以润物细无声的方式，渗入师生的血液之中，形成师生的品质。为此，何校长启动精品校园建设，挖掘历史传统，彰显学校深厚的文化，以和学校历史密切相关的人和事来命名校内建筑，打造人文校园、奠基师生精神生活。

而教师教育生活的不完整，一方面是因为社会和学校的压力，另一方面也与教师的精神追求、专业素养有关。还教师完整的教育生活，需要通过提高教师的精神追求、丰富教师的精神世界，使其教育生活变得丰富而有意义；需要通过持续不断的教师专业发展，提高他们教育教学的有效性，使他们从单纯的脑力体力付出中解放出来，从而获得更高的生活境界；需要通过引导他们对教育教学专业的持续研究以获得自我满足、形成愉悦体验，来提高他们教育生活的品质。

因此，何校长非常重视教师的在职学习，每年暑假都有为期三至四天的全员培训活动，内容有校长的主题报告、国内高水平的专家学者以及名师与名班主任报告，以此来提升教师的思想境界。学校还邀请本校的优秀教师、班主任做经验分享，以此提升其他教师的教育智慧；同时，在校内开展行政人员、学科教师、年级教师交流活动，分享教育管理心得。他也支持教师开展个人的研修活动，提供机会并鼓励教师到国外进修学习考察，开阔教师的国际视野。他还鼓励教师积极开展课题研究，使他们形成自己的教育教学风格；注重制定人性化的管理制度，营造民主和谐的校园氛围，从多方面提升和丰富教师的教育生活。

要让学生有完整的教育生活，则必须得到家长的理解和支持。所以，学校加强与家长的沟通，让家长了解学校的文化传统、办学理念、培养目标、教育方法等非常重要。对此，一方面，学校通过恢复家长委员会的建制，建立学校与家长沟通交流的桥梁和纽带。另一方面，加强"家长学校"建设，帮助家长树立正确的教育观念。

"教育者，非为已往，非为现在，而专为将来。"崔海友校长（正高级教师，广州市名校长，天河区基础教育首批名校长）认为，未来教育的发展，一是让学生成为有道德、有知识、有能力、和谐发展的"全人"；二是促进个性的发展，提供有选择的教育。

从数学教师到名校的校长，崔海友校长感到最光荣的事是看着孩子们在学校中快乐地成长，去实现自己的梦想。

> 学校要致力于课堂教育改革，教师要能够引导、调动学

生的积极性，引导学生发现真理，而不是仅仅教给学生知识，还要引导学生自己学习知识。

坚持兴国必先强师，要深刻认识教师队伍建设的重要意义和总体要求。在办学方面，崔校长认为教师的素质尤为重要，加强教师队伍建设要把好入口关，包括教师的业务素质、师德、性格等，然后通过理念引领教师建立共同愿景，通过培训提升专业素养，围绕共同目标形成团队，既保持传统优势，又面向未来。

要唤醒受教育者内心的力量，不是给每一个受教育者安装上电动机，而是要让他们成为发电机，能给自己提供能量和动力。

普及高中阶段教育，努力让每个孩子都能享有公平而有质量的教育，这对我国高中阶段教育发展提出了更高的要求。崔校长表示，教育的"质量"，不仅仅是分数，而是一个适应学生未来发展的核心素养，包含文化基础、自主发展能力和社会参与能力的综合体。学校要引导学生参加社会实践，关注国内外的大事，让他们能够参与社会、了解社会、适应社会，成为未来社会发展的综合型人才。

此外，除学校外，家庭教育和心理教育也很重要。学校可以通过家长会、家长学校、家委会来和家长沟通，让家长更了解学校、参与学校教育。

未来以互联网为载体的信息技术会进入教育行业，形成混合制教育，通过"互联网＋教育"，教师可以进行教授、发布学习任务，学生可以提交作业。但不管未来如何发展，教育都是促进人的社会化、人的自我认知和需求实现的重要方式。①

在担任校长（副校长）二十多载的不凡历程中，何树声校长（正高级教师、广东省特级教师、广州市名校长）一直信奉"闲居非吾志，守成非吾愿""平平淡淡做人，踏踏实实干事"的理念。正是这种信念，使他在工作实践中不断探索创新，走出了一条"教学有风格，管理有个性，办学有特色"的科学治校之路。

校长作为办学实践者，必须有教育的情怀与激情。人是为了追求幸福才来到世界上的，教育者身上寄托了人们太多的精神梦想，我们以梦想的名义仰望幸福。当校长有着坚定不移的职业精神，拥有宁静的心灵时，才能全心地去关爱每一个学生，才能真正地去敬畏每一个生命，才能做到"不抛弃，不放弃"。

在他看来，社会从来不缺高学历、高智商的人，因此，教育者应该站在育人的高度来审视教育，尤其是中学阶段，正是学生人生观、价值观的塑造期。他希望学生不管走到哪里，都是一名科学精神好、人文素养高、懂得真善美的人。因此，他所任教的学校一直坚持为初一、初二、高一学生开设书法课，让学生能静下心来欣赏美的东西。

一所能为师生的精神成长提供养料的学校才是真正的好学校。

---

① 崔海友：《教育要兼顾全面与个性》，见新华网（http://www.gd.xinhuanet.com/zt17/xhft/chyou/index.htm，2020-10-4）。

何校长表示，当一名校长不难，当好一名校长却不是一件容易的事情。校长是校园生命状态的标志，是学校科学发展的领航者。校长的幸福感直接影响着学校、师生乃至家长的幸福感。一名好校长要具备坚实的思想基础和深厚的学养。因为一位好校长可以带出一所好学校，而一所好学校所形成的学校文化，使师生身心健康、人格健全。

在他看来，好学校的前提是拥有先进的办学理念。衡量办学理念是否先进，主要有四个维度：一是人人发展，二是全面发展，三是个性发展，四是终身发展。只有四个维度都统筹兼顾，才是高质量的学校。他觉得自己对教育的看法比较通俗，即按人的成长规律对受教育对象给予帮助，包括帮助学生掌握知识、培养能力、提升性情。好学校的核心是有丰富的课程体系，课程是落实培养目标的有效载体。在这样的学校里，每一种发展，都会受到尊重；每一个方向的生长，都会得到激发；每一种能力，都能找到成长的土壤。好学校的关键是有优秀的师资团队。学校在教师原有的基础上还要持续提升教师水平，使教师在自己的专业领域内不断更新自己的方法与理念。

校长的办学思想是学校的中枢神经系统，指挥或影响着学校的一切工作。"有什么样的校长就有什么样的学校"这句话，我们可以更多地理解为校长的办学思想在学校管理中的巨大作用。衡量一个校长是简单的管理者，还是教育家，其根本就是看他有没有自己的办学思想。所以，校长一定要确立具有现代特征的办学理念，使之成为学校发展的目标，成为学校全体成员坚强的"脊柱"，成为学校的灵魂。

二 科研助力教育思想的构建

教育思想为人类特有的教育活动现象的一种理解和认识,这种理解和认识常常以某种方式加以组织并表达出来,其主旨为对教育实践产生影响。教育思想的类型包括教育理论、教育学说、教育思潮、教育经验、教育信念、教育信条、教育建议、教育主张、教育言论、教育理想等。它有助于人们理智地把握教育现实,使人们依据一定的教育思想从事教育实践;有助于人们认清教育工作中的成绩和弊端,使教育工作更有起色。

陈洪义老师是"情思历史"的开创者。在有关"情思历史"课题研究与实践过程中,陈老师参加了广东省中小学新一轮"百千万人才培养工程"名教师的培养,借助于"百千万人才培养工程"提供的教学思想凝练平台,其"情思历史"教学研究实现了从教学模式到教学思想的深刻转型,并朝着深入进行中学情思历史教育的理论与实践的研究方向迈进。

什么是"情思历史"的内涵,陈老师这样阐释:情,即情境,情感;思,即思维,思想。情思历史,旨在有意识地把"情"与"思"融入历史教学活动之中,以此实现历史课堂"拨动学生情感的弦,放飞学生思维的线"。在"情思历史"基本理论的支撑下,基于"情思历史"的基本结构和特点,陈老师及其团队设计出"情思历史"教学的基本流程:主题确立——情境创设——情思交融——情智共生。"情思历史"教学流程的意义在于改变了传统教学课堂结构要素,从而引起传统课堂教学结构的变形、换位、重构,实现了课堂活动中"情"与"思"的统一,使历史学习成了"一种引导下的创造",并在此基础上,构建起情思交融的"情思型"课堂。

教师一走上讲台,骨子里的教育哲学就会显露无遗。因为有什么样的教育哲学，就有什么样的教育行为。在人类社会中，每个历史时期起主导作用的教育哲学都是不一样的，作为历史中的人，教师的教育哲学都逃不脱历史的影响。目前，我们正处在信息化和智能化浪潮的历史转折点，现在的教育哲学与之前的农业、工业社会不同。吴向东老师从1986年开始，就激情投入到了新时期的教育探寻中，提倡"顺性化知"的教育思想。

如今，在蓬勃发展的人工智能时代，智能机器的进步使标准化教育出来的学生的就业受到严峻的挑战。现在，教育的意义在于不断发掘和培养人才所要具备的优势——美好的人性和创造力等，否则，我们培养的孩子在进入社会后，将无法面对人工智能的全球化的未来。

吴向东老师的第一教育哲学是顺性，顺应学生美好的天性，一切教育回到人本身——发展美好人性、探索精神和创造力。吴老师指出，顺性，可以让教师树立起正确的教育观。其一，确立学生的主体地位。考题训练、应试教育的背后，是不承认学生的主体地位，而认为教师是主体，学生无非是接受训练的客体。其二，树立正确的教育目的观。教育的目的，是帮助学生把自己的潜能激发出来而成为独具特色的人，而不是用统一的目标、统一的课程、统一的方法把所有的学生培养为一个模子的人；是帮助学生形成积极主动探索的人格去面对未知的世界，而不是把学生打造成具有某某功能的螺丝钉去完成某方面的任务；是帮助学生养成美好人性，与他人一起合作创造美好未来。其三，树立正确的课程观——回归学生的生活世界。其四，树立正确的学习观。既然学生是主体，课程理应是帮助学生探究他们的生活世界，那么，学习就是一个学生主动探究其兴趣的未知世界的美妙旅程。

在吴老师看来，顺性的教育哲学带来的远不止以上这些，但它们反映了作为教育者对人的基本认识，这是教育活动的起点，也是归宿。从起点到归宿，不是简单的回归，而是螺旋上升式的递进——让人得到充分的发展。推动发展的是化知,即"化知为识、转识成智",这也是吴向东老师的第二教育哲学。

林拱标校长觉得做教育最难的不是学科教学,而是"育人"的过程。把课讲清楚,让学生明白,这只是第一步,属于"教书匠"的阶段。他认同美国教育家杜威的观点:"教育即生活。"他认为,教育是一个生长的过程。孩子是有生命的,并不是批量生产的流水线上的作品。生长是孩子们的本性,教育要提供适合生长的外界环境和条件,创设更大的空间和平台,激发孩子生长的活力和潜力。

林校长也深信每个学生都有生长潜力,有的只是缺乏环境或条件,而教师的工作便是营造环境或条件去引导学生。比如学生不愿意学习,很多时候是因为态度不端正,因此应该引导学生养成良好的品格、性格、学习态度、学习习惯,使他愿意学、能学,不轻易给学生下"好坏"的定义。

最让他印象深刻的是,有一位老师带领一帮学生"养蝴蝶",班里有一个特别调皮捣蛋的学生竟然在这个过程中表现出前所未有的专注。当看到"破茧成蝶"时,这个学生兴奋得忘乎所以。这或许就是他所说的,教师应尊重学生的个性,让学生参与到自己感兴趣的东西中去,并在这个过程中引导、培养学生的自觉性和专注力。

学校组织各种活动,会占用学生的"学习"时间,有的老师一开始对此表示不理解。后来,看到学生学业成绩进步了,老师们便释然了,这也让他更深信这种教育观念的可行性。"教育是块比较保守的阵地,由于现实环境的制约,社会舆论还是以学业成绩来评价孩子,就连参与者之一的老师们有时也是要看到成果才会支持新的观念和想法。"林校长深知这种教育价值观念在中国文化、现实环境中生长的不易,只能在保证孩子学业成绩的前提下,尽可能让孩子自主成长。

生活中有一种态度叫"放下",那么,在教育过程中这是怎样的一种状态呢?在林校长的教育理念中,教师在教育过程中应该适时"放手",这才更有利于学生的发展。

林校长认为,教育过程中适时"放手",是一种教育智慧。教师放手,学生才有更广阔的思维空间和更充分的思考时间,因为学生的个性差异客观存在,在教育中教师要做的工作就是精准导航、适时帮助,为学生超越自我创造条件。

> 我们提倡以人为本,这是教育者秉承的重要理念,简单的理解就是促进人的最适发展。适时的放手,并非撒手不管,其前提是教师帮助学生扣好人生的第一粒扣子,真正做到立德树人,这也是教育改革的根本目的所在。

2018年12月,广州市教育局印发了《关于推进广州市中小学人工智能与教育融合创新指导意见(试行)》,提出了"开展人工智能素养教育、组织人工智能青少年科技活动、以人工智能辅助教育教学、以人工智能推动教育治理能力提升、打造智能型教师队伍、建设人工智能试点校"等实施措施。[①]

面对新的趋势,王同聚老师结合自己从事20年中小学智能机器人和人工智能教育的经历,与研究团队依托智能机器人,创建了智能机器人"学·做·创"教学模式,构建了"微课导学"教学模式和教学评价方案,设计了创客教育"三剑客"载体模板,创建了"智创空间"和人工智能体验中心,建立了智创空间创客教育模型,提出了"六个面向"智能机器人教育推进策略,形成了"学科融合、德术并举、注重体验"的教学思想,提出了

---

① 《习近平向国际人工智能与教育大会致贺信》,见新华网(http://www.xinhuanet.com/2019-05/16/c_1124502111.htm)。

解决智能机器人和人工智能教学中缺模式、缺理念、缺师资、缺教材、缺策略等难题的具体办法。

王老师认为,人工智能等新一代信息技术飞速发展,将给学校带来信息时代教育治理的新模式,从而打造数字化、个性化、终身化学习的教育体系,以实现更加开放、更加人本、更加可持续的教育改革。因此,人工智能进入中小学校将会在促进教育创新和培养创新型人才等方面发挥重要作用。而教师是富于情感和智慧、想象力与创造力的人类,这些特质是人工智能所无法比拟的。但从未来发展趋势看,高度个性化、智能化的机器人助理将成为教师行业一道靓丽的风景线。①

> 面对人工智能的冲击,教师应该具备危机意识和改革意识,要思考如何提高教师这个角色的不可替代性,最终将人工智能带来的挑战转变为变革传统教育和创新未来教育的机遇,使教师与人工智能进行完美结合,提高教师的教学效率。

创客时代的到来,学生的学习方式也不能一成不变。创客学习是创客在创客空间里通过主动探索、动手实践、创新设计、跨界融合、问题导向、活动探究、项目体验等获取新知识的学习方式。创客在"玩"和"做"的过程中学习新知识,并在"做"和"学"的过程中得到升华和创新,进而把创意变为现实,其核心理念是"玩中做""做中学""学中做""做中创"。② 创客们通过创客学习在实践中体验、在探索中创新,将跨学科知识进行

---

① 王同聚:《人工智能进入中小学的过去、现在和未来》,载《今日教育》,2020 年第 C1 期,第 16 - 21 页。
② 王同聚:《基于"创客空间"的创客教育推进策略与实践:以"智创空间"开展中小学创客教育为例》,载《中国电化教育》,2016 年第 6 期,第 65 - 70 页。

内化吸收，通过项目学习、自主学习、合作学习、探究学习、移动学习和碎片学习，最终为学生创意"智"造获得有意义的学习经历，是一种培养学生创客精神与创客素养的新型学习模式。创客学习将会开启"人人皆学、处处能学、时时可学"的创客教育新时代，有助于提升学生的核心素养。[①]

工作的第一年里，江伟英老师一边教书，一边学室内装饰设计；工作的第十三年，她考取教育硕士，苦读三年。从自己的求学到教书育人，江老师信奉的是"授人以鱼不如授人以渔"。

> 我们可以回忆，从儿时到长大后解决工作、生活中的难题，哪样东西是老师教给你的？都不是。学到的东西不是靠老师告诉你的，是你自己用心记忆学习的，或者在查阅的过程中激活已有认知产生新的认识、思想和观点。

她曾经看到，语文课还像流水线一样，全班同学齐刷刷地读同一段课文，齐刷刷地想同一个问题，齐刷刷地做同一组练习，课后抄一样的词语、做一样的习题、思考一样的东西。她思考：这样的学生，若哪天不能依靠老师创设学习情景了，没有老师针对性地提问、营造氛围，还能自己学习、阅读和思考吗？如何通过自己消除与抽象文本之间的隔膜，做到无师自通？所以，她与思维导图相遇，将之作为教改切入点，图解语文，是偶然，也是必然。

> 学语文不仅是学习语文课本的内容及相关知识和信息，而是学习遣词造句记述自己的感悟、理解，表白自己的观

---

① 王同聚：《走出创客教育误区与破解创客教育难题：以"智创空间"开展中小学创客教育为例》，载《电化教育研究》，2017年第38卷第2期，第44–52页。

点、表述自己的思维结果。

她不把考高分当成语文教学的目标。她追求学生通过自己反复深入的阅读、思考，找出矛盾根源所在，亲身参与到把问题弄懂、把知识建构起来的过程，让学生学会不迷信标准答案，自己判断思考。

以前读师范的时候被教导：老师要给学生一杯水，首先自己要有一桶水。现在不是这样了，老师不再是跟学生比谁水多，而是三人行必有我师。每个孩子、老师都从自己的角度，查找相关信息，思想互相碰撞。

江老师主张，老师当点火人，"拼命去点火，星星之火可以燎原"。

老师自己首先得有打火石，有点燃别人的功力。点燃学生的思维、激情，调动兴趣，教给学生思维的工具和方法。

走进郁郁葱葱的广州市第八十中学的校园，随处可见的江南小景，园内层楼雅亭、荷塘鹤影、翠竹清韵、怪石奇葩，美不胜收，教学区、生活区、运动区错落有致。学校秉承"雅、信、绿、新"的校训，努力在校园建设上追求雅致格调、绿色生态，让师生最直观地感受自然、舒适的环境。在这样的环境中读书学习，灵气与智慧俱生。以环境育人，正是学校"以人为本，发展潜能"的办学理念的高度体现。

"生态教育"体现了广州市第八十中学顺应孩子的成长天性的教育观，这也是袁闽湘校长的教育思想。其辐射在教学上，则以生态学原理观照课堂教学，构建"生态自主课堂"，让学生快乐自主地学习：一堂课，学生先预习，再小组展示、讲解、复述、质疑，而老师退居一旁，负责唤醒学生的学习兴趣、点拨及检测。生动有致的课堂充分激发了学生的学习主动性和创造性，课堂不再是传统的教师"一言堂"，而是让学生成为"学习真正的主人"，让每一位学生在课堂中找到自己存在的价值。充满生命活力的课堂让教师的"教"与学生的"学"在自由的空间里碰撞出智慧的火花。在这里，"生态课堂"文化让师生在课堂里谱写共美、智慧、和谐、快乐的乐章。

校园文化活动同样体现了生态教育的理念，丰富多彩的活动拓展了学生的学习空间，让他们在学业与活动中平衡地发展。学校社团众多，文化活动精彩纷呈：文艺汇演、插花比赛、摄影书法展览、课本剧表演、外出拓展……知识与技能、人文与科学、校内与校外、知识与实践，通过现在与发展的结合，形成了"多元、多彩、人文、尚美"的校园文化特色。充满生命力的校园为学生营造了良好的文化氛围，也让袁校长提出的生态教育思想蔓延到校园的每一个角落。

学校是学生成长的乐园，也是教师与学生体现自我价值的家园。在袁校长的引领下，学校科学、民主的行政管理模式中渗透着生态学的理念。首先是行政管理上强化服务意识和研究意识，将原来的德育处、教导处等四处调整为德育研究中心、教学研究中心、后勤服务中心和行政服务中心，两个研究中心下设小组，让一线教师参与到教育教学管理中。凸显师生主体性的校园，成了循环有致、可持续发展的生态系统。

其次是学生自主管理实行的"主题值周班"的管理：学生在学校中层干部的指导和班主任的带领下，每个班级负责学校一周的常规管理，分工合作、人人有责。值周工作结束后，值周班在每周的行政会议上，由值周班的班长、团支书和学习委员汇报一周管理情况，培养孩子们的组织管理能力和责任感、荣誉感。如此一来,学校管理的自主权就充分掌握在学生和老师手上,让师生在生态文化的陶冶下感受到幸福感、成就感。

> 让学生在学校吃得健康,住得舒适,学得快乐,让学校成为快乐的家园。

袁校长的愿望虽然简单朴实,却直指教育核心———一切为了孩子的成长。这便是生态教育所形成的一种独特的文化。

许昌良校长认为,教育不是"淘汰",而是"成全"。说起教育或者学校,其实都是些抽象的概念,因为如果没有学生,学校抑或教育就没有任何意义了。

> 在这几类学生中,后进生最能引起人们的关注。然而,我要说,学校应当有一个基本的意识,办学校固然需要人人发展,甚至人人优秀,但关键不是人人高分,而是一个人的进步。

党中央把"立德树人"作为教育的根本任务,目的就在于此。学生首先是"人"的存在,而不是"分"的存在。学生都很重要,他们没有重要性的差别,只有能力、天赋等的不同。从某种意义上说,每一个孩子都是"独一无二的存在",是"同一的差异性存在"。只要来到学校,每一个学生同样重要,也同样可爱。

> 我不想强调这是个理念,而是尊重一个事实。教育具有分化人的重要功能,因此,每一个人都应得到应有的发展,成为"最好的自己"。所以,教育不是淘汰,而是"成全"。

从这个意义上说，许校长认为社会或者学校不应该厌弃或者淘汰差生。其理由简单而又充分。学生之好与差，只是一个人为的标准问题，今天的好与差与今后走上社会的职务、岗位、能力等，几乎没有太大的因果关系。也就是说，好和差只是人为设置的一个区分罢了。比如，如果以勇敢为标准、以勤劳为标准、以吃苦耐劳为标准、以动手能力为标准等，结果可能就完全不一样了。

他曾在一次运动会上，看到几个平时不被看好的孩子都成了体育老师"当时"的"宝贝"，因为他们在运动场上刮起了"蓝色的旋风"。尤其是中小学阶段的学生，其潜力更加无穷。

章立早教授认为：现在的许多老师都以教好学生为满足，如果你的学生是"差生"，请不要自认倒霉，或许这是一种幸运。

> 只会教"好生"的教师不一定是优秀教师，而能将"好生"和"差生"都教好的教师才是优秀教师。

教育是按照一定的模式培养人。教育的理想是希望把所有被教育者培养成教育者所期望的那一类人。但事实是，教育的实施有时会偏离原本的理想。有趣的是，这样的偏离也许会有不一样的收获。

奥地利诗人茨威格（Stefan Zweig）说："一个人命中最大的幸运，莫过于在他的人生中途，即在他年富力强的时候发现了自己生活的使命。"发现自己生活的使命无疑是一件幸运的事情。但发现使命只是第一步，今天的教育更需要"不忘使命，不忘初心"，这里的"使命和初心"就是教育常识、教育基本规律、学校的基本功能，就是教师一开始从教的那份对于"立德树人"的真诚、热情与内心的许诺，这份初心不应也不可以被忘却。

三 聚焦课堂彰显教学风格

维克多·雨果认为:"风格是打开未来之门的钥匙。没有风格,你可以获得一时的成功,获得掌声、热闹、锣鼓、花冠、众人陶醉的欢呼,可是你得不到真正的胜利、真正的荣誉、真正的桂冠。"教学风格是教师在长期教学艺术实践中逐步形成的,富有成效的一贯的教学观点、教学技巧和教学作风的独特结合和表现,是教学艺术个性化稳定状态之标志。教学风格可以有效地提高教学效果,这既是实施素质教育对教师的要求,又是教师在业务上成熟的标志。

我们曾经把站在三尺讲台上的教师比喻为"人类灵魂的工程师",我们也曾为教师那像音乐大师的指挥棒一样神奇的粉笔所描绘的文字所折服,这就是课堂教学的魅力。它不仅是一门科学,还是一门艺术。而教学的艺术最终体现在讲究教学风格的教师身上。

前面讲过有关温利广老师的故事,下面我们继续来谈谈他在教学风格上所做的创新。随着逐渐深入教学一线,慢慢地,温老师开始梳理自己的教学特色,形成了自己的教学追求。他提炼了六个字的教学风格主题:有效、有趣、有情。

> 有效就是把课上好,把书教好;有趣是不管这节课讲的是重点也好、难点也好,学生都可以在轻松愉快的氛围中理解这节知识。很多学生厌学,所以教师要思考如何把课上得有趣一点,让学生更乐意学。

温老师团队围绕"如何将初中化学研究性学习与环境教育进

行有效整合"开展研究,依托"区—市—省"三级共5项科研课题,历时15年,通过研究探索出结合教材栏目指导学生开展化学环境专题研究性学习活动的六个策略,构建了一套可操作的、有效的、能整体体现培养初中学生的"实践能力、创新精神和环境素质"三项要求的化学环境专题研究性学习活动模式,创造性地提出"初中化学环境专题研究性学习"校本课程建构的思路与做法。学生的环保课题成果引起了当地政府部门的重视,所提出的环保建议分别被区环保局、镇政府、村委和学校采纳,直接促成了当地环境污染问题的解决。此次获省级教育教学成果一等奖,是该校化学科组加强品牌专业内涵建设、潜心教育教学的成果。目前,温利广老师正在带领课题组成员申报国家级教学成果奖,期待通过进一步的提炼和实践检验,将成果推广和实践检验辐射广州市,影响及至全国各地,在更多方面取得标志性成果。

尽管温老师在课题研究上获得了一定的成就,但他仍然不骄不躁,在工作岗位上兢兢业业。他扎根农村,躬身教坛勤耕耘;他诗情"化"意,上学生喜欢的课;他立人立德,帮助学生成长为具有人性的人;他春风化雨,心系学生的成长;他担当起责任,示范带教培育新人;他赢得口碑,被各类媒体争相报道。

邱海林老师从教30多年来,勤奋钻研业务,不断提高自身的教学艺术,形成了"严而不滞,活而不逸"的教学风格,深受学生喜爱。他积极探索教学改革,在教育、教学和教研等方面均取得了丰硕成果,受到同行的好评。

在阅读教学上,他以生本和谐为目标,以文本重组、资源整合为抓手,着力构建和谐高效的阅读教学课堂。2005年,他在国内较早地提出了"构建语文和谐课堂"的理念,并在《中学语文》《教育导刊》等报刊发表了系列论文;2008年,论文《潭深波涛静，学广语声低——课堂教学的"闷"与"活"》获全国中语会第九届年会论文评比一等奖；2010年执教广州市公开课《拣麦穗》，2014年执教茂名市公开课《荷花淀》，受到听课老师的高度评价。

在写作教学上，他提出建构科学有序的作文训练体系是实现作文有效教学的重要途径。2010年起，他以市级课题"高中作文序列化训练有效教学研究"为依托，着重探索"堂上作文"和"活动型作文"两种形式，收效显著：研究报告《基于序列化训练的高中作文有效教学研究》获全国中语会优秀教研成果评比二等奖；编著的《绝妙好文——高中生现场佳作108篇评注》由新世纪出版社出版；在市内外开设讲座40余场；辅导学生获全国、省、市作文竞赛一、二等奖40余人次，在《中学语文》《语文月刊》《羊城晚报》《新课程报》《课堂内外》等报刊发表文章40余篇。在教材研究上，他提出教师不能在教材建设尤其是教材的选编与应用研究方面缺位。2012年起，他围绕广东省教育科研"十二五"规划课题"普通高中语文教材文言文经典篇目选编与应用研究"深入研究，在《语文学习》《教学与管理》《语文月刊》《课程教学研究》等杂志发表多篇论文，其中，2篇被人大复印报刊资料全文转载，在语文界引起了广泛关注。

在教学实践中，有的教师课堂教学严谨，条理清楚，环环相扣，有利于提高学生的逻辑性思维；有的教师讲课情绪饱满，慷慨激昂，扣人心弦，往往容易引起学生情感上的共鸣；有的教师讲课生动形象，机智诙谐，妙语连篇，能够让学生在一种轻松愉悦的氛围中获得新知。教师多样灵活的教学风格有助于包容学生不同的学习风格，以便使每一类学生都有机会按照自己的学习风格来学习，发挥自己的长处，让不同学习风格的学生各得其所、各显其长。因此，教师教学应该具有个性化的教学风格，或激情、或幽默、或亲和、或理性。

"风格即人格"，教学风格与一个人的性格有很大的关联。黑格尔曾经说："风格即是人"，这道出了"人"与"风格"的关系。所以，教师要不断地提升自己的人格修养，修养越高，人格的魅力就越大，教学风格就越鲜明。当风格与自己的人格相一致时，就会形成互补，就会相得益彰，就会把教学与生活融通起来。个性化教学风格是教师职业生涯中矢志不渝的追求，是学科教学的灵魂。对于教学风格的追求，首先是一种态度，一种专业追求。教师通过不断追求，逐步形成自己教学风格的过程，其实就是教师专业成长的有效路径。教学风格是每一位普通老师都可以有的追求，而不是名师、特级教师的专利；是每一位老师当下的追求，而不必等将来才去追求。

第二部分 共生是名校长、名教师成长的外铄

一位名校长或名教师能在发展的道路上走多远，获得多大的成就，往往是由内部驱动力与外部推动力共同作用而决定的。在第二部分，笔者对所采访的名校长或名教师的成长环境进行了一番考究。笔者认为，在推动名校长、名教师的成长上，有四大模块起着主要的影响作用，分别为他人指导、学习共同体、关键事件、帮助他人。

在我们的访谈中，大部分的名校长或名教师提到了不同阶段对他们有较大影响的人，包括父母、亲属、老师、导师、领导、同事等。此外，我们发现一种现象：大多数名校长或名教师都善于从身边的人和事中获取成长的营养，无论是在年幼时期，还是已经走上工作岗位，他们都能在他人的指导下茁壮成长。

他们无一例外都能充分利用成长环境，努力从环境中发现学习的资源；建立可以和自己共同学习与成长的共同体，互相鼓励、互相监督，形成和谐的成长关系。正如挫折可以激发成长的力量，赞扬可以获得成长的养分，学习同盟对个人发展的影响也不容小觑。

此外，在每一位名校长或名教师的成长历程中，都会经历一些重要的事件，其中蕴藏着成长的机会或者学习的机会，他们会努力抓住这些机会；或者有些事件激励了他们更关注自己的成长。

最后，大多数名校长或名教师都能在自我成长中帮助他人成长，他们也是青年教师或他人的重要"他人"。为了能指导他人，他们努力学习，自我成长，在帮助他人成长的同时，自己也获得了成长。

第五章
从他人指导中汲取成长养分

"重要他人"一词最早由美国心理学家哈里·斯塔克·沙利文（Harry Stack Sullivan）（1892—1949）提出，他认为"重要他人"是在生活中对人们产生极大影响的人物，这类人物可以是亲属长辈、外在群体等对个体产生影响的人，他还从人际关系视角阐述了重要他人促使个体自我系统发展的原因。

随着研究的深入，不同学者对于重要他人的定义提出了不同的观点。美国心理学家米德（G. H. Mead）在《心灵·自我与社会》一书中提出"泛化他人"的概念，它强调个体与社会之间存在交互关系，即当所属群体的态度、观念等被个体所接受，个体便将其内化为自身的行为规范，或完成对"他人"角色的体验过程，从而实现自我与社会的协调与统一。美国社会学家米尔斯（C. W. Mills）在米德的自我发展理论基础之上明确指出，重要他人是影响个体社会化过程的具体人物，是个体自我概念发展与社会价值观内化的主要因素之一。

"重要他人"在我国教育类的权威工具书《教育大辞典》中的解释是：对个体的自我发展（尤其是在儿童时期）有重要影响的人或群体，即对个人的语言、智力、思维方式的发展以及对个人的行为习惯、生活方式及价值观的形成有着重要影响的父母、教师、受崇拜的人物及同辈团体等。① 延伸到教育社会学中，学者吴康宁在米德理论的基础上将重要他人看作是对个体社会化产生重要影响的具体人物。学者唐彬则将重要他人总结为与个体有

---

① 顾明远：《教育大辞典》，上海教育出版社1992年版，第461页。

密切互动的、得到主体认同的人物，这些人物包括父母、老师、同学等，是具体而非抽象的，他们在个体社会化中对主体有着单方面或多方面重大的影响。

在我们的访谈中，大部分的名校长或名教师都提到在人生的不同阶段对他们起作用的重要他人，包括父母、亲属、老师、导师、领导、同事等。这些重要他人对采访对象的影响是精神上潜移默化的激励与熏陶，他们鼓舞采访对象坚定自己的信念，奔向属于自己的有价值的人生。本书涉及的"重要他人"是指在教师的发展过程中具有重要影响作用的"他者"，教师由于个人主体特性、角色位置、生活学习环境或者是与"他者"之间的互动关系，对自身的成长和发展产生了关键性的作用。

除了对重要他人这一概念进行界定，学术界还将重要他人分为两种类型，即互动性重要他人和偶像性重要他人。互动性重要他人，是指在互动交往中获得认同的重要他人，扮演该角色的可以是父母、老师、同辈群体等。互动性重要他人的出现与个体的年龄阶段密切相关。首先，父母作为家庭教育的主力军，他们通过自己的言行举止施予个体潜移默化的影响；在学龄早期，教师在个体心中的感染力尤为突出；到了后期，父母、老师对个体来说有角色弱化的趋势，取而代之的是同学、朋友等同龄人，他们在个体当中的认同感愈发显著。随着个体年龄的增长，互动性重要他人沿着父母—老师—同辈群体这样的路径变化。偶像性重要他人，是指受到个体崇拜并被视为其学习榜样的重要他人，通常从精神层面上对个体产生单向的影响。可成为个体偶像的人物身份可以是历史人物、文人政客、文体明星等，也可以是某部作品中虚拟的人物，其在社会中的指导思想和价值取向具有一定的指向性和代表性。

互动性重要他人与偶像性重要他人产生的影响主要有以下三处共同点：一是目标化提供模板。人的大多数行为是通过对别人的观察和模仿而习得的。确立具有正能量的样板有助于明确努力的方向。二是直观化提供激励。人们接受信息和知识是通过各种感觉器官来实现的。通过对比实验发现，形象思维更为持久。三是人格化提供载体。确立具体的人格化的样板有助于以感性认知促进理性认同。

互动性重要他人与偶像性重要他人作用的区别主要在于以下两个方面：一是互动性重要他人由个体自主选择并认同，具有非正式性和非强迫性，同时其选择标准具有随意性。二是互动性重要他人与个体之间是平等关系，交流氛围民主，交流内容广泛；偶像性重要他人与个体的直接交流少，交流内容侧重于提升性引导。

接下来，我们就互动性重要他人与偶像性重要他人的分类，根据采访的名校长或名教师所讲述的他人对自身的影响，探究重要他人对教师或校长的影响机制。

一　互动性重要他人产生的影响

互动性重要他人，是指在日常交往过程中被个体认同的重要他人。从我们出生后便开始接触的父母、朋友，到后来在学生生涯中遇见的老师，乃至在社会上所接触的各行各业的人，他们都有可能成为我们的重要他人。

就家庭而言，从西格蒙德·弗洛伊德（1856—1939）提出的人格理论中，我们不难看出父母对孩子的重大影响，父母的行为和言行举止对孩子的影响是潜移默化的，他们很有可能成为孩子成长中的重要他人。

温利广老师的父亲是一名木匠，父亲身上那种精益求精的精神对温老师的影响很大。他的父亲做木匠工作是一个从不熟练到熟练的过程，有做过半成品，也搞砸过很多作品，这些都是经验和教训,并且他能尽量避免犯第二次错误。

> 如果说我有深入思考的习惯,有反思总结的习惯,很大程度上归功于我的父亲,确实我父亲就是这样的人。我特别喜欢论语的一句话——"不迁怒,不贰过",我父亲没有读过这些,但是他一直在跟我们讲类似的道理。

家庭给温老师带来的影响是很大的。在访谈中,温老师给我们印象最深的是,他是一个很有情怀的人,有自己的思考,其所作所为必须要对社会有价值。后来,温老师选择了教师这个行业,这种情怀便在其对学生的教育上体现出来。温老师习惯做教学反思,刚步入教育行业他就开始写教学后记,通过自主反思不让自己犯第二次错误。且父亲对温老师影响最为关键的一点是,做事要踏踏实实地做真事。正如温老师所说的,想要把事情做好,就要找最真的评价。在他的职业生涯所获得的荣誉中,他最看重学生对他的评价,因为学生的评价是最真实的。坚持的品质在温老师身上同样表现得淋漓尽致。父亲身上的"工匠精神",让温老师从小受到良好的精神熏陶,培养出踏实做事、持之以恒的品质。

家庭的影响同样在容梅老师身上打上深深的烙印。容老师的父亲是一名建筑工程师,母亲也是一位心灵手巧的人,从小她就看着父母亲手做各种各样的东西。因此,容老师从小也喜欢"玩"一些这样的东西,主动学习的能力很强,比如有电脑就去"玩"一下,有打字机也去"玩"一下。当领导让容老师上一堂多媒体课时,由于有计算机技术的积累,容老师果断答应了。也因为那次经历,让容老师在众多老师中脱颖而出。

而在个体的学习生涯阶段,个别老师对个体产生的影响,有时候也是巨大的。这可以从贾老师的故事中得到验证。贾国富老师从小就有当教师的梦想，而其中很重要的原因是受到一位小学老师的影响。在贾老师还在读小学二年级的时候，有一次跟同学闹了点矛盾，一位姓王的老师便对贾老师进行批评教育。见到王老师的那一刻，贾老师心里觉得很委屈，但在跟王老师交谈的过程中，贾老师的想法却完全改变了。

> 当时听完王老师的话，我感觉很亲切，觉得王老师说得很对，自己也看开了。那时候感觉做老师很好。

也许大家会觉得有些不可思议，但从贾老师之后的身体力行中，我们确实看到了这位老师对他往后的职业生涯发展产生的影响。后来，因为各种机缘巧合，贾老师有机会去当地的大队当老师，而那时候家里却极力劝贾老师去做医生，因为父亲就是一名医生，但最后贾老师还是选择了当老师。

> 我觉得王老师对我做老师的抉择有很大的影响，从小我就想当老师。

一番交谈，让一个人坚定了自己当老师的信念，这种情况还有很多，正如某一句话可能会影响一个人的一生，不经意的谈话有时候带来的影响是巨大的。2003年，詹姆斯·沙阿（James Shah）对转移现象的研究提供的充足证据表明，品质、情感和动机都与自己身边的重要他人有着密切的影响。[①] 从上述的例子中，我们也能看出互动性重要他人在这些方面所起到的作用。

在贾老师的成长过程中，他坦言，有的同事也可以称为他的

---

① SHAH J: "Automatic for the People: How Representations of Significant Others Implicitly Affect Goal Pursuit," in *Journal of Personality and Social Psychology*, 2003, 84 (4), 661–681.

重要他人。名师工作室这个平台让贾老师拥有了进一步研究教育的机会，对他的教育能力和教学荣誉方面也有很大的提升。他指出，在这期间，自己在华南师范大学宋教授的帮助下，对于自我以及自己的工作和事业方面都有了一番新的审视。

要发出自己的光芒，但也不要盖住别人的光芒。

受互动性重要他人的影响，贾老师逐渐明确自己的职业定位，不断形成自己的价值体系。每个人都能确定谁是自己的重要他人。重要他人的一个重要作用是他们能看到我们没有意识到的东西，告诉我们如何看待生活。

罗夕花老师在任职初期，曾接触过三位对自己帮助很大的校长。这三位领导在罗老师看来，都有同一个理念，那就是给老师较大的自由发展空间。他们身上所展现的人文关怀让罗老师印象深刻。

记得有一次评特级教师，当时我正在参加一个活动，校长打电话给我，说推荐我和另外一位老师参加评选。另外一位老师比我大十岁，而且他又那么优秀，我就不想申报了。校长说："我说你行你就行。"后来在整理材料上校长也给予了我很多帮助。在课题方面，我有一项省级课题研究已经进行了十几年，当时临近结题，我想这就是一个一般的课题，可以通过通讯结题。但是我们校长说，你做会议结题，现场结题，上一节课。然后，他把那些语文领域的专家都请过来，对我进行指导。

罗老师仍然记得当时所有的邀请函都是校长帮她打印的，她一直认为遇到好的领导，是自己发展的一个契机。

二 偶像性重要他人产生的影响

要准确认识"偶像性重要他人"这一概念，有必要将其和"榜样""偶像"的概念相区别。"榜样"一词的意义和"模范""先进"类似，有"楷模""典型"的意思，指的是值得进行模仿和学习的先进的事例或典型，即好人好事，但一般指人。"榜样"是在一定历史时期经组织认定、公众舆论认可和公共传媒广泛传播，体现时代精神和人民意愿，代表先进生产力的发展要求、代表先进文化的前进方向、代表最广大人民的根本利益，值得公众效仿和学习的先进典型。榜样的特征体现了人格品质的先进性、与时俱进的时代性和广泛传播的权威性。"偶像"则是指被个体或群体所认同，并受到尊敬、钦佩或者欣赏、喜爱和向往的形象化的象征性人格符号。偶像性重要他人是指在个体的崇拜心理的基础上产生的重要他人，这些人一般与个体之间有一定的距离。基于"偶像性重要他人"的概念，从访谈的案例中，我们可以找到它的影响作用。

江伟英老师多年致力于思维导图的应用研究领域，讲到对她帮助较大的一位"重要他人"，她提到了托尼·博赞教授（Tony Buzan，1942—2019）。托尼·博赞教授毕生致力于拓宽人类思想和智力的边界，他不仅发明了思维导图，大力推动世界记忆锦标赛、世界思维导图暨快速阅读锦标赛的发展，更在全球范围内引领脑力运动的推广与传播。托尼·博赞教授为人类的智力发展做出了重大贡献，英国《泰晤士报》评价托尼·博赞教授："他让人类重新认识大脑，如同斯蒂芬·霍金让人类重新认识了宇宙。"

20世纪六七十年代托尼·博赞已经发明了思维导图，直到2014年，上海的一位专家才把思维导图引入中国。江老师想将思维导图应用到教学上，但是却不知如何开展。当看到女儿写假期作文时,她便用思维导图大胆尝试了一番,没想到得到的效果却异常显著。后来,江老师坚持用这种方法进行教学,并不断进行修正、完善。

托尼·博赞教授对江老师思维认知的影响是深刻的,以至于江老师在教学上获得了巨大的突破与成效。在访谈中我们也发现,诸多教师都认为通过读名人传记得到了自我提升,真正做到让知识改变自己。

此外,在我们的访谈过程中,对于"自己生命中是否出现过重要他人,对自己的职业定位或者思想产生过重要的影响"这一问题,有几位老师的回答是没有。但在与他们的交流中,笔者发现,他们有一个共同点,那就是都提到了对他们有影响的人。可见,他们善于学习和借鉴别人的优点,进而成就自己的精彩人生。

第六章
从生态环境中建构学习共同体

早在古希腊时代,亚里士多德(Aristotle)就提出了共同体的理念。德国社会学家斐迪南·滕尼斯(Ferdinand Tönnies)认为,共同体就是基于自然意志而形成的一种生机勃勃的社会有机体。他还指出:"共同体必然能由地缘关系,最终发展为精神共同体。"温格认为,"一个学习共同体包括了一系列个体共享的、相互理解的实践和信念以及长时间追求共同利益的理解",他进而指出学习共同体是"人、活动、世界之间的一系列关系,这些关系是跨越时间的,并与其他相切与相交的实践共同体发生联系"。当代共同体主义者普遍认为,共同体是拥有共同的价值、规范和目标的整体。虽然"学习共同体"一词有着多种的解读,但被称为"学习共同体"的联结方式应该都具备共同的基本特质,即具有学习意识的个体组成,成员有着共同的价值追求,并通过协商确立共同的价值原则。

所谓"学习共同体",在教育界,我们可以理解为教师基于共同的目标以及对所属团体的归属感而组织起来的学习团体。在此团体中,教师打破孤立,通过平等对话和讨论,分享专业意见以及各种学习资源,以探究的精神来共同完成一定的使命,最终实现教师的专业成长与发展。此外,需要注意的一点是,学习共同体不是简单地把许多教师组合起来为一个任务或者目标而共同工作或者学习,而是一个共享和协作的组织。良好的教师学习共同体应具有共同的学习目标、相互学习和交流、相互信任、共享资源及优秀的教学经验、共同解决难题、个体有所进步并能促进共同体发展等特质。学习共同体是促进教师成长的有效途径。

一　工作室学习共同体

《国家中长期教育改革和发展规划纲要（2010—2020年）》第十七章"加强教师队伍建设"第五十三条指出：通过研修培训、学术交流、项目资助等方式，培养教育教学骨干、学术带头人和校长，造就一批教学名师和学科领军人才。名师工作室是教育部门组织建设的一个项目，是教研网络的重要组成部分，这种网络是左右贯通、纵横连接、上下交互、四通八达的立交桥式的。名师作为"学习共同体"的一个有机组成部分，对教师团体的成长有着重要的推动作用。

名师工作室是在名师带领下的一种内在的、自发的、具有共同愿景的教师学习组织，其开展的多种活动形式皆以"内在需要"为基准。在名师工作室中，所有成员共同对课程、教学等进行反思性对话，进而以积极的团队状态对待工作。名师工作室具有教师专业知识与经验的积累价值，教师们彼此交流想法，分享专业知识与经验，促使每一个个体专业素养有所提高。

为了促进区域青年教师的专业成长，罗夕花老师依托其主持的名师工作室，在海珠区教育发展研究院小学部成立了"海珠区小学语文'青年教师成长联盟'"（以下简称"成长联盟"）。罗老师用"成长联盟"之线串联起散落在各间学校的青年教师，旨在搭建专业成长的平台，以促进区域内青年教师的成长。通过"多线并行"的培训途径，构建"立体多维"的培训课程，采用"联动多元"的展示平台，从而创建了"携手前行，共同成长"的青年教师培训模式。虽然该青年教师培训模式实施至今才两年多的时间，但已经初见成效，"携手前行，共同成长"的培训模式促进的不仅仅是青年教师的成长，更让导师们得到了长足的发展。

除了工作室的平台，其他培训对教师或校长的发展也有着一定的推动作用。借助培训的契机，他们认识到跟自己志同道合的学习群体，这对往后的工作大有裨益。

邱榕基校长是广州市名校长工作室的主持人，在学校管理上获得诸多成就，工作之余也得到了很多培训的机会。他曾经参加过中央党校的三次培训，前往国内外各大著名高校交流、学习。他坦言：

> 除了自己学习之外，很难得通过这些平台认识了这么一群好朋友，认识了很多优秀的人。在他们身上真的学到很多东西，自己有什么不懂的也会去问他们，他们经常会提点我一下。通过学习开阔了自己的视野，也可以接触到教育前沿的东西。我觉得这些学习经历挺好的。

从名校长、名教师的成长历程来看，培训和技能比赛是他们成长过程中不可缺少的一环。校内培训活动对教师成长起到了促进的作用；专家讲座能使他们接受最新的教育理念，激发新思维，引发教育教学反思；而技能比赛则能提高他们的教学能力和专业技能，使其将比赛过程中总结的教学经验、探索的新技能和获得的新成果引入课堂教学，从而提高自己的教育质量。

二　同伴学习共同体

同伴学习共同体是一种基于伙伴关系的有效学习方式。建立基于以同伴为主的教师学习共同体对教师的专业发展有一定的促进作用。

罗夕花老师所在的学校有一个传统，每个年级的教师搭配是很讲究的，在遇到的每一个平行班搭班的老师中，罗老师都可以从他们身上学到不同的东西。罗老师从2001年开始教一年级，在这期间遇到黄老师。黄老师对罗老师的影响特别深。黄老师有对学科的研究精神，在她的带领下，老师们经常聚在一起进行专题研究。后来随着级长的加入，整个年级的老师更团结了，形成了浓厚的研究氛围。当时学校用的是实验版教材，由于没有任何参考资料及相关经验，老师们就会一起研究各种专题，经常集体备课，这些经历为罗老师带来了专业上的快速发展。

三 网络学习共同体

网络学习共同体又称为在线学习共同体，是指在网络的虚拟环境里，一个由学习者（群体）及其助学者（包括教师、专家、辅导者等）共同构成的学习团体。与传统学习共同体、个别化网络学习环境相比，网络学习共同体内部成员来自多个地区，其在线的时间也不确定。此外，在网络学习共同体中也出现了许多新的学习方式，如通过论坛进行离线协商讨论、通过网络会议进行在线演讲、通过协作软件进行在线协同编撰电子书籍等。

网络学习共同体的建立，是新时代学校发展的需要。网络学习共同体不仅是青年教师学习的天地，也是优秀教师成长的摇篮。除了上面提到的国家支持的一些队伍建设路径，还有通过打造线上交流平台，让更多教师拥有学习的途径与方式。在访谈中我们了解到，容梅老师于20世纪末便开始着手这种平台的搭建。

因为从小家庭条件比较好，容老师接触新技术的时间也比较早，对打字机和电脑都不陌生。1997年，当领导跟她说要上一门计算机辅助教学的课时，容老师答应了。并且因为这门课的缘故，容老师有机会接触亚太经合组织的项目。

没有相关的项目经验，容老师只能边做边学，虚心向专家们请教。上海教科院的教授在这个时候给了她许多的指导。2000

年，天河区教育局成立了现代教育实验室天河基地。当时，叶澜教授、顾明远教授，还有上海教科院的教授都参与了天河基地的工作。

三位专家在这个基地里面挂了三块牌子，每个月都会来基地一次，并组织相关活动。容老师作为参与该基地前期工作的老师，在基地成立之后被调过来做办公室主任，联系专家、安排行程、沟通学校等事项都由她负责。

天河区打造这个基地实质上是在做筑巢引凤的工作。基地搭建好之后，就开始邀请专家指导，挑选老师进行培训。专家们都很负责，给学员们买书，安排任务，读书之后还有学习收获的分享活动。来自不同学校的教师们在这个基地里，有机会坐在一起讨论，相互借鉴和学习。

容老师刚到基地时，当时的领导就指出现在的教研活动有一个弊端，就是大家都是到这里签个名就走了。通过调研得知大家对教研活动有特别多的怨言，于是领导提出一定要改变这个状况，并要求建立一个网站。于是容老师与其他老师一起，利索地把网站搭建起来，并取名为"天河部落"。

天河部落（www.thjy.org）是广州市天河区教育局教研室利用 Blog 技术，于 2005 年 2 月创建的开放性网络教研平台。其建设宗旨有两个：一是为中小学教师个体记录新课程实施过程的教学设计、教学反思等提供工具，让天河部落成为教师知识管理的平台；二是为教师之间、学校之间和社会之间提供互动协作、共建共享的平台，实现教学实践话语权的开放与回归，并通过建设实践共同体，促进教师专业发展来支持教育均衡的实现。

在这个网站发布后，有很多人都去注册，也有很多人在上面写东西，为了保证网络的安全性，网站要求实名注册。当时有老师提出疑问，为什么学术探讨还要实名注册。容老师指出，既然是学术探讨，老师们就应该把自己的学术观点亮出来，并且要让大家都知道是谁提出了这些具有创新性的想法。后来，天河部落吸引了很多其他区域、其他城市的人来注册和参与。来自不同城市的老师、校长们一起在这个平台上交流、学习，其影响辐射的范围是超乎想象的。通过搭建教师交流的研修平台，教师的学习团体不断壮大，形成了学习成长的磁场。

此外，天河部落拥有比其他教研博客群更独特的方式——"天天、人人、点点"网络教研公社形式，这种形式使天河部落一直保持相对旺盛的人气，每天都会有很多教学资源、案例设计以及教学反思上传到网站上。天河部落还拥有为数不少的原创的教学资源，给教师们带来极大的便利，方便教师在资源上共创共享，因而在资源建设上一直受到一线教师的好评。

学习，不仅是人类的天性，也是生命趣味盎然的泉源，人类具有渴望自身完善的需要，教师也不例外。网络技术不仅让我们能获取相当多的教师研修课程资源以帮助专业技术人员多途径、跨平台、形式多样化地完成继续教育，众多教师还自发建立了许多的MOOC（大型开放式网络课程，也称"慕课"），将自己的特长及教学主张系统化地展现在互联网上，正所谓"三人行，必有我师焉"。

"互联网＋"时代，核心素养上升为国家课程标准的制定依据，学科的界限、教育行业的界限被打开，学习时间、学习空间、学习平台被重构，教师们也更爱学习。这已不仅仅是教师职称聘任、升职的需要，更是生活的需要。技术的日新月异使终身学习成为人类存在的样态。"互联网＋"时代使自组织（self-organization）的发展具备了更为亲和的技术环境，基于网络的教科研自组织的力量也往往超乎我们的想象。①

---

① 容梅：《科研自组织研究：背景、形态和特征——以广州市天河区校际跨学科科研团队建设为例》，载《教育导刊》，2012年第9期，第40－42页。

自组织系统理论认为，在一定条件的刺激下，群体可以自发地从无序走向有序，并出现一种新的、稳定的、内部充满活力的结构。① 而科研自组织就是教育系统内自组织的一种形式，即在一定条件下，具有共同兴趣和需求的教师或学校自发地开展不同主题科研活动，较稳定的、具有活力的组织。

自组织系统理论中的耗散结构理论（dissipative structure）认为，自组织形成的条件有：系统必须开放，远离平衡态，非线性相互作用，涨落现象。具备了以上四个条件，系统将会通过不断地与外界交换物质、信息和能量，由原来的混沌无序状态转变为一种在时间、空间上或功能上的有序状态，这是一个动态过程。而科研自组织作为教育系统的自组织也不例外。

容老师接触过的"星韵地理"网站就是一个典型。该网站有焦点集中的学术交锋、技术较量，还有执着的同仁、神秘的嘉宾活跃其中，TED式演讲、教育会展、新书发布、前沿实践、研学课程等自组织资源在不知不觉间吸引了全国十分之一的地理教师汇聚其中，从而形成了一个国内知名的网络教研自组织社群，其社会影响也在不断扩大。

> 如果一个区域能够有意识地依托技术环境，营造制度环境，教师自组织学习的发生涌现则会更加蓬勃。

容老师所在的数字化科学探究创新团队和地理资源建设课题组也都是自组织。前者由新加坡科学家、高校教授、一线科学教师、区域学科教研员及厂商共同组成，团队跨界协同地完成了小学五、六年级共百节微课制作。微课一经完成，首先由学生们进

---

① ［加］迈克尔·富兰：《变革的力量》，加拿大多伦多国际学院译，教育科学出版社2007年版，第107页。

行使用并评价，之后团队再进行修改，以期为教师和学生提供共同认可的微课程。在两个项目的研究中，成员沿着网络共享—集体教研—课堂教学—教师培训这条路径，采取自组织与他组织（other-organization）相结合、线上线下相结合的策略，通过晒课、赛课，促进资源的循环利用，不断精益求精，逐步提升教育质量。

教师通过互动形成共同的目标，并且不断对最需要实现的目标及其实现方式等问题进行分析、评价和试验，由于这种互动是具有目的性的，因此能很好地适应将内隐的知识转化为外在的（共享的、可定的、可习得的）知识的转化过程。改革之所以重要并且持续不断，正是由于学习共同体的缘故。在学习共同体中，教师之间彼此信任、愿意为变革投入更多的精力，更信任、珍惜共享的专业知识技能并使这些知识技能合法化；学习共同体中的教师比非学习共同体的教师更容易学会"如何教得更好"，也更容易获得专业满足感。综上所述，学习共同体把发展、绩效、责任整合了起来。

实践证明，快乐的方法和氛围能使教育事半功倍。[①] 教师需要在和谐、自由、令人身心放松的环境中工作和成长，需要获得各种各样学习和前进上升的机会，从而不断提高其专业素养和能力，更好地适应工作和自我满足的需求。教师既是教育者也是被教育者，只有真正认识到学习的重要性，亲身体验更为先进的教育理念和顺应人性和开放化的受教育方式之后，才会更加坚定学习信念，并自然而然地将这种分享、协作的教育理念和方式迁移到日常的教学当中。

---

① ［英］赫伯特·斯宾塞：《斯宾塞的快乐教育》，中国妇女出版社2015年版。

第七章
从关键事件中发现成长机会

个人的生活史与自身的发展息息相关,同样,教师的生活史也与他们的专业发展密切相关。教师的成长过程是一个专业水平不断提高,专业素质、教育理念和思想不断成熟的过程。在此过程中,影响教师成长的因素有很多,既有来自教师自身素质、内在发展动机的因素,也有来自外在的家庭、制度、体制、学校文化、机遇等因素的影响。

在《汉语大词典》中,"关键"一词的解释为:事物至关紧要的部分;对情况起决定作用的因素。"事件"一词的解释为:历史上或社会上发生的不平常的大事情。

因此,对于个人来说,"关键事件"可以理解为在成长过程中发生的对个人思想状态、行为实践等起决定作用的事情。

而对于教师专业化发展而言,其成长史中的"关键事件"也尤为重要。因为关键事件经常发生在教师面临选择的时期,是对教师产生自我挑战的事件。关键事件在教师专业成长中发挥着突出的作用,对教师的影响通常是重大和深远的。

教师要具备对关键事件进行思考和决策的能力。这样的思考和决策会影响他们当下以及未来的教育观念、教育行为。深入观照教育生活中的重要事件与重要他人,有助于教师确定专业发展路径以及实现专业境界的跃升。

一 对关键事件进行思考与解读

英国的沃克(R. Walker)在1976年研究教师职业时,首次提出了"关键事件"的概念。他认为,关键事件指的是事件主人做出主要决策,并且该事件的处理对教师专业发展有着不可忽视的作用,该事件可使事件主人在生活或学习中发生改变。①

皮特·伍兹(Woods)对关键事件的界定为:关键事件是综合的、有所侧重的教育活动项目,可能持续数周甚至一年。有些关键事件可能被称为主题、方案或者论题,但需要注意的是,只有那些能够引发强烈反应的时刻和事情,以及对个人变化和发展产生巨大影响的主题、方案或者论题才是关键事件。他认为这些事件之所以关键的原因在于:①它们能以不同寻常的方法促进学生的教习和发展;②它们对教师的转变起关键作用;③对教师来说,它们能起到重要的验证作用;④对整个教师职业发展也很重要。②

相对于沃克对"关键事件"的概念界定而言,皮特·伍兹的定义从一个更大的时空范围入手,更注重其长期的影响。综合来看,判断"关键事件"有两个标准:第一,教师本人提及的非常有意义的事件。在一定的记忆提取线索的刺激下,教师会对关键事件进行描述。通常,在他们的描述话语中,会出现类似"这对我来说太重要了""我一直没有忘记那种痛苦/开心的感觉"的话语。这些话语是一个清晰的关键事件的暗示。第二,当有意义的事件与教师的职业发展、主观的教育理论及职业行为相联系时,被教师归因于对自我或职业行为产生影响。

如皮特·伍兹所言,只有那些能够引发强烈反应的,对个人变化和发展产生巨大影响的事件才是关键事件。但是,某个事件能否成为关键事件并不取决于它本身,而在于是否引发了自我澄

---

① WALKER R, et al.: *Innovation, the School and the Teacher*. Milton Keynes: Open University Press, 1976: 127.

② PETER W: *Critical Events in Teaching and Learning*. London and Washington D. C.: The Falmer.

清、个人思维清晰化的过程，也就是包括教师个人教育观念在内的教师专业结构的解构与重构，即教师的反思过程。

那么，教师应该如何对关键事件进行思考与解读呢？第一，要确定关键事件，并且在此基础上对其加以思考和分析。第二，要记录关键事件。教师要及时、客观地记录关键事件出现的情境、情节、相对完整的事件过程、事件的结果、当时这么做的原因、自己的情绪反应等。记录关键事件最简单的方法就是回答这样几个问题："我碰到了什么问题？""我是怎样碰到这个问题的？""我是怎样解决这个问题的？""这个问题留给我的思考是什么？"第三，要分析关键事件。即分析关键事件中遇到的问题，掌握整个事件的因果联系，把各种因素都考虑进去，尽可能使自己对事件进行多视角、深层次的解读，从而改变自己的思维定式。教师要多问自己"为什么我会这样看待它？""我还能怎样对待它？""我处理它的方法是否正确？"。教师多视角的提问会让问题更深入、思维更清晰、分析更透彻、判断更准确。这对提高教师本人的专业判断力、进行有效的专业实践非常重要。第四，要进行行为调整与改变。通过分析，寻找相关的理论并依此检验教师自己在处理关键事件中的得失，并通过比对他人如何处理相关事件，将这些经验凝练成自己的理论，重新设计类似事件的处理策略再付诸实践，调整自己的教育教学行为。如此，教师在思考的基础上逐渐积累，形成富有个性的教育实践的见解、观点和思想。

对邱海林老师而言，从乡镇中学转到县城的中学教书是他在职业发展过程中的一个关键事件。县城的中学相对而言有更好的生源和学习条件，个人也有更大的发展空间。

> 当时，我们县对整个县各片区的教学进行了一个评估。那年我教的班级跟县中成绩是一样的，语文成绩连续几年都

比较好，我们学校的语文学科就被评为区域县的优势学科。县中的校长把我调了过去，所以，我在1997年的时候就调到县中了。

在县里的中学，他教两个高一班级的语文，还兼任一个班的班主任工作。他努力思索着，如何能尽快熟悉学生的情况，并提高学生的成绩呢？于是，在学生入校学习之前，他就先逐个了解自己所教学生的资料，包括他们的学习状况、居住地等。到报到时，虽然还没有见过面，但是，他能熟记学生的名字和地址等信息，并跟学生迅速建立了良好的师生关系。不久后，他又被安排教两个高三班级的语文。凭借之前自己带毕业班的经验和不断学习与思考的习惯，新接手的毕业班在毕业成绩方面也非常突出。

当高三的学生毕业之后，他又接着教之前他带的两个班，学生毕业时的成绩同样非常优异，地区排名前十的有一半是他的学生，而且"状元"也出在他带的班级。因为这些成绩，他对自己从事教师职业的自信心更强了。

可以说，面对每一个关键事件，教师是否有"思考"以及"思考"的成效如何，显得尤为重要。跟邱老师相似，在教学上，陈洪义老师既注重自我教学的反思，也注重引导和帮助学生进行学习反思和规划，积极调动学生的情感和学习自主性。因此，他在教学成绩上也不断取得新的突破。

2006年，陈老师面临一项新的挑战——中层干部晋升。十多年的教学经历，使他在学校获得了他人的认可。在普遍的评价中，他被视为"有能力""有想法""能做出成绩来""工作踏实"的好教师。因此，在中层干部竞选中他几乎获得了满票，一切都水到渠成。

但是他并没有被安排担任自己非常有信心且有心得的德育主任，而是担任了教研主任一职。担任教研主任后，他才开始了解科研，并对学校的科研工作进行系统规划。

既然接触到了这个工作，而自己又沉浸在规划学校的科研发展中，我就在想，如何带动学校的科研组呢？我就反思自己是不是应该把个人的科研专业成长跟整个学校的科研建设结合在一块儿。

在处理事件时，思考总是需要走在行动的前面。而对于关键事件，进行深度的思考和解读显得更为重要。积极有益的思考会帮助教师更好、更快地了解新的情况，从而得出新的解决对策。在思考的过程中，外在的影响因素与教师自我的教育信念和知识之间的矛盾更加明晰和尖锐。教师通过反思各种作用因素之间的关系来做出判断和选择，并对原有的内在专业结构做局部修改、调整或全部更新，从而获得专业上的发展。这样，我们就可以把教师经历每一个关键事件而获得专业发展的过程，称为一个教师专业发展的基本循环。此后，教师会在众多因素的作用下，遭遇新的冲突情境和关键事件，进而开始新一轮的专业发展过程，这样的过程并不是一种圆圈式循环，而是一种波浪式前进和螺旋式上升的过程。

根据教师对关键事件的分类应对，可以把关键事件分为成功型、挫折型、启发型和提升型。成功是一种取得预期目的、结果或效果的状态。成功型关键事件能使教师获得专业认同感、投入感，增强其专业信心，使其对工作充满期待。在成功型的关键事件中，教师往往取得了教学或者管理上的成功，体验到自身的价值，从而提高了对工作的热情，获得了更大的专业发展动力。

人们对于极好或极坏的事件通常印象深刻，花在上面的思考时间和精力也会更多。"失败乃成功之母"，挫折型关键事件能促使教师思考。教师的教学态度和动机会随思考而发生改变，然后带动自身的专业发展。美国心理学家波斯纳（G. J. Posner）认为：没有经过反思的经验，至多只能是肤浅的知识；并提出"成长 = 经验 + 反思"。① 由此可见，进行思考是促进教师专业发展的有效途径之一。而挫折型事件揭示了教师的隐性教育观念，此观念会潜移默化地改变教师的教育行为。挫折型事件的发生是不可避免的，也并不可怕，只要教师能从中吸取经验教训，对事件有清晰的认识和思考，就可以将其转化为促进自己专业发展的宝贵经验和动力。

王同聚老师在2001年的时候开始接触人工智能。在中山大学计算机应用研究所攻读在职硕士期间，他选修了人工智能这门课。由于当时从事机器人和人工智能教育的学校很少，没有师资、没有教材，也没有可以借鉴的教学模式，只能靠自己一边学习一边探索实践。2004年，他参加了由广东省电化教育馆组织的为响应《普通高中信息技术课程标准（实验）》（2003年版）而筹划的高中信息技术教材的编写工作。2005年年底，王老师作为主编完成了这套教材选修模块《人工智能初步》教材的编写。该教材虽然因各种原因未能正式出版发行，但在编写《人工智能初步》教材的过程中，王老师得到了来自浙江大学、南京师范大学和华南师范大学等多位教授、专家的指导，同时也促使其自身多次到广州图书馆和中山大学图书馆借阅当时所能找到的人工智能图书，系统地自学了人工智能的相关知识。

花费很多心力编写的书籍却最终没能正式出版，对于王老师来说也是一个不小的挫折。但是在这个过程中，他研读了大量与人工智能相关的书籍，对人工智能领域的了解已经非常深入了。可以说，编写人工智能书籍的经历为他之后进入信息中心从事全

---

① [美] 马斯洛：《自我实现的人》，许金声、刘锋等，译，三联书店出版社1987年版，第212页。

市的机器人大赛辅导工作,以及之后投身火热的创客教育研究学习奠定了很好的基础。

启发型关键事件能深化教师对专业知识的理解与拓展,更新教师的教育观念。它可以是教师看的一本书、观摩同事的一节课、参加的一次培训活动等。从更大的范围来看,也可以是发生在教师自己的专业发展中的,对自身发展具有启发性及影响自己发展的一切事件。

在师范学校学习的时候,吴向东老师曾经接触过逻辑学,并对其产生了兴趣。除了学科的专业知识外,教育心理学、哲学和逻辑学也让吴向东老师深受启发,帮助他奠定了良好的工作和学术基础。

> 我们都没有意识到,辩证法是关于思维的科学,就是讲如何思考。我觉得自己不会思考问题,辩证法可以教你如何思考,所以我要学辩证法。

在这个过程中,吴老师学会了如何利用更系统和非显性的思想看待世界。因为有与众不同的思维方式,他能系统性地构建自己的思想,其科研能力和自信心也随之逐步提高。

许昌良校长觉得自己在教育行业上遇到了很多机会。虽然当时在农村小学工作,但是县里学校的教师评上副高职称的例子也让他萌生出了评副高的想法。

> 大家都在工作,都是当老师。他们可以评副高,那我觉得我也可以评。

虽然第一次没有评上,但是他通过再次精心的准备,在第二次终于评上了。榜样人物的出现启发他对自己有了更高的要求和更长远的发展目标。

提升型关键事件,通常以上公开课、听公开课、参加竞赛、发表公开的演讲等形式体现,教师在展示自我实力的要求和压力下,会高度重视个人表现,通过精心准备、借鉴交流及思考,教师的教育、教学、研究能力和自身的专业能力也会得到很好的提升。如罗夕花老师曾连续多年代表整个区域参加市的教学竞赛,取得过第一名和一等奖的好成绩,个人能力在竞赛的过程中得到了良好的提升;陈兆兴院长通过个人办学思想研讨会和教育思想研讨会,对教育、办学、学校的管理有了系统性的梳理和成果凝练,也由此促进了其思想境界的提高。

总体而言,教师把握好关键事件,并对关键事件进行积极的思考与解读,才会对职业发展发挥良好的促进作用。

二 面对关键事件须慎重选择

就关键事件而言,它可能来自外部的社会事件,也可能来自教师专业发展关键阶段的经验,这些事件将影响教师专业实践知识的再建构与发展。关键事件对教师的重要意义在于,教师在经历关键事件时,教师个体要做出自我职业发展道路、自我职业形象和自我职业认同的抉择。

关键事件通常会以机会或者机遇的形式出现,它给教师提供了选择,让教师确认自己行为或个性中的哪些部分适合教师角色、哪些不适合教师角色。在这种情况下,教师要进行思考并做出某种选择和改变。关键事件集中体现着教师对自我已有内在专业结构合理性、适应性的评价和最终决策。这其中也包含着教师对长期累积的经验的体悟。

陈海燕老师(正高级教师、广州市名教师工作室主持人)在还没有从事语文教研工作前,是师范学校一名教授中国古代文学的老师。她刚去师范学校工作的时候，就遇到了广东省的师范学校要进行全省统考，领导很重视这件事情，也很担心老师们的成绩。参加的教师由有资历的教师做队长，陈老师也积极参加了考试。成绩出来之后，学校的名次排在全省的前列。第二年的成绩也不错。之后队长的接力棒就传到了陈老师手上。因为她带队的成绩比较好，所以刚去没几年，陈老师就荣获了优秀教师、教坛新秀等荣誉。

> 连续两年我都取得了不错的成绩，同时参加了论文评审工作和广州市的普通话大赛，拿了一些奖，因此获得了更多荣誉。所以，我在职业之中也有一些成就感。

之后在上一级的工作安排下，她开始尝试转向小学的语文教学。找到小学教育的乐趣和发展空间之后，她便主动选择并开始深入到语文教研的工作之中。

上文提到的邱海林老师，除了从乡镇中学转到县里的中学教书这一关键事件外，之后还出现了另一关键事件——担任教研员。2015年，由于教学能力突出，邱老师的机遇也接踵而至。当时，校长准备提拔他做学校的中层干部。与此同时，他也符合岭南师范学院发展中心发布的一个副教授岗位的要求，市教育局也向他抛出了教研员的"橄榄枝"。他最终选择了转岗成了一名教研员。

> 在学校更多的是关心自己，围绕着自己的发展和成长，想把自己凸显出来。但到教研室就不一样了，做教研的话，要为老师的专业成长服务，它的服务性更强了。从长远来看，为别人的专业成长服务，其实也是重视自己专业成长的重要表现。

选择也是一种能力的体现。在做出选择时，教师个人对未来走向要有一定的认知，使其视野与现有的信息量足以判断这个选择是否适合自己的长远发展。这种前瞻性质的认知能力，一般通过深入学习和大量对比观察而来。此外，还要对自己的实力与选择的匹配度有准确的评估。这意味着，教师的积累以及成长速度要与自己的目标相对应，并且具备承受风险的能力。

当了十年左右没有稳定保障的民办教师后，出于生计和职业规划等因素的考虑，王同聚老师投出了三份简历，准备换一个工作。第一个是广州教育信息中心，第二个是华南师范大学附属中学，第三个是广东实验中学。

> 我之前做机器人研究也取得了一些成绩。那一年我非常幸运，拿到了高级教师的职称。更幸运的，我是广州市民办学校中有史以来第一个拿到高级教师的人。当我马上到40岁的时候，我在想，假如再不换工作岗位，可能就要在民办学校一直做下去了。

平台的广度影响着人成长的广度和高度。优质的平台会为个人成长带来更多的红利和机会，也能避开很多弯路。教师在选择平台时，需要综合考虑其资源和优势，结合自身的特点，以求能充分发挥实力和实现抱负。在面试后的一周里，王老师同时收到了三家单位的录用通知。经过仔细考虑，他选择了平台更广、需要承担整个市的中小学生机器人竞赛管理与辅导工作的广州教育信息中心。

> 我非常纠结，后来仔细想想：我已经在学校待了十年了，何不换一个岗位试一试，所以就选择了广州教育信息中心。当时领导跟我谈的职位职责就是我要承担起整个广州市

的中小学机器人竞赛管理与辅导的工作，所以对我来说这个平台更大。以前只是接触几个孩子、几十个孩子、上百个孩子，现在我可以接触广州市的所有学校的孩子。我在这里又工作了十一年，我觉得我的选择是非常正确的。

三　挖掘关键事件的价值

关键事件由于其重大性、重要性、特殊性等因素，往往会附着个人更多的时间与精力，体现着个人精益求精的精神内涵和愈挫愈勇的精神品质。个人对关键事件的投入和准备，或者说努力是基础也是关键。机会只留给有准备的人，只有努力和全力以赴，才能适时抓住机遇，而不至于白白浪费。懂得关键事件价值和努力意义的名校长、名教师，一旦有展示的机会或者平台，个人的特质和潜质就能充分激发并得到展现。由此，更多更好的机会也会在个人能力提升之时随之而来。

教师通常用关键事件来建构其职业生涯故事，而"努力"的加入，无疑让职业生涯故事更为生动感人、催人奋进。正因影响的深刻性和巨大性，关键事件对教师的整个职业生涯都很重要，并通常会成为职业生涯中的重要转折点。

在陈兆兴校长看来，在他的成长过程中有几个关键的事件使他得到了快速地成长。第一个是广州市海珠区初中毕业班教学工作会议的分享。本来毕业班教学工作会议设定的时间是在他外出去成都学习期间，但是，当时的教育局领导坚持要等他学习回来之后再进行会议，并且邀请他分享学校管理心得。为此，在这个会议中他对自己的毕业班工作进行了总结，并与现场的其他校长进行了交流和探讨。

后来，他又调到其他的学校当校长。在那几年中，他经历了做校长的"小高峰"，不仅召开了广州市海珠区德育现场工作会，又在 2010 年和 2015 年分别组织了他个人主讲的"办学思想研讨会"和"幸福教育思想研讨会"。对于每一个关键事件，陈校长都会努力让其"物尽其用"，花充足的时间做准备，加上自己的琢磨和深度思考，将其当作提升自己与展示自己的平台。

> 一个是办学思想，一个是教育思想。实际上对我来讲，这两次研讨会让我对教育、办学、学校的管理有了系统性的总结和梳理。

陈海燕老师更喜欢先把眼前的事情做好，在面对选择时慎重考虑并遵循内心的想法，选择后则努力达到自己的目标。因为这种踏实的心态和做法，她从一线教师走上了行政和管理的岗位。在不同选择下的各种平台和体验中，她的经历更为丰富，视野更加开阔，成长得也更快速。

挖掘关键事件的价值需要付出艰辛的努力。努力可以是一种状态，一种心态，还可以是一种处理问题的方式。于己，自勉；于人，亦可互勉。重要的是，它应该成为一种惯常思维和习惯，不论何时，与何人，处何态。教师要踏踏实实地做好眼下的事情，多学习，多观察，多思考。只有在努力中不断进步，视野才会逐渐开阔，目标也会越来越精准。所有未来的良好选择，都是眼下努力所赢得的回赠。

第八章
从自我成长中帮助他人成长

在教师专业化发展的过程中，既要"做好自己"，增强专业能力，提升自我人格魅力，率先垂范，树立榜样的旗帜，又要拥有更多的知识储备，更深的理论素养，更远的前瞻目光，更高的精神境界，努力使自己成为同侪心目中的标杆和学习的榜样，以此更好地"成就他人"，创设平台，创造机遇，团结和培养校内或校外的教师，打造校内甚至区域内优质的教育团队和教育品牌。

对于被帮助的教师而言，名教师与名校长通过日常教学观察后开诚布公、心平气和、正式或非正式地与其反馈交流相关信息，或是通过观察和评估，以各种正式的教育活动对其课堂行为进行必要的了解之后，给教师反馈他本人的教学业务评价并引起他本人认真反思的活动方式也有利于其接受来自他人的有益反馈。当被帮助的教师看到自己学习的努力激起了大家的积极反馈，并最终取得了积极的成果时，他们会更愿意精益求精，不断进行教学改革和创新。

名教师与名校长在自我成长中不断丰富自己、与时俱进，并将自己的收获进行分享与传递，成为教师专业发展的领跑者，从而和广大教师一起为教育的梦想而努力奋斗。

一 以身作则，示范引领

广东省名教师、名校（园）长工作室旨在通过以名教师、名校（园）长为主持人的核心引领，在自主成长、合作交流、课题研究中形成学习研究共同体，省市县（区）共建共享培养一批高素质、有担当的中小学教师、校（园）长群体，借此推动学校教育教学改革，促进广东教育优质均衡发展。

自 2009 年广东省建立首批 33 个"广东省中小学校长工作室"、90 个"广东省中小学教师工作室"以来，广东省名教师、名校（园）长工作室已形成了以工作室主持人为主体的运作机制和以能力为核心的培养机制，凸显了工作室培养方式的示范效应，促进了主持人和学员的共同发展，为全省乃至全国的教师、校（园）长培训提供了宝贵经验。

相较于前三轮工作室，新一轮（2018—2020 年）名教师、名校（园）长工作室的"新"在于其协同育人机制：名教师、名校（园）长工作室成了省、市、县、校、工作室"五位一体"教师培训体系中的基础性一环，在省级中小学教师发展中心指导下，以师带徒为主要的培养形式，共同开展基于线上和线下的学科研究、教改探索和教学磨炼、学校管理实践与研究的实体与网络相结合的新型工作室。

同时，名教师工作室也是一个团队共同成长的平台——借助这个平台，促进主持人自身成长，带动学员、成员及主持人所在的科组和学校共同发展，真正实现"发展自己，带动他人"和"让骨干教师成名，让名师更出名"的目标。

对于新一轮名师工作室主持人来说，创建教育教学改革新模式是其重要使命之一。名师工作室主持人和学科带头人通常具备丰富的教育经验、较高的专业素养，学术研究水平较高，能以身作则，示范引领，促进教师的专业成长。而名师工作室的目标，则是培养"研究型"的骨干教师，使工作室成员成为本市有影响力的骨干教师、学科带头人和省市名教师的后备梯队。

要"名"副其实，实至"名"归，名师工作室主持人必须要有核心思想，形成重要影响力，产生重大影响作用。因而，新一轮工作室主持人须紧密团结本学科和领域的精英与骨干，结合国家立德树人和新课程改革的任务和要求，聚焦当前教育教学改革的热点和难点，解放思想，勇于改革创新，利用自身的资源优势，积极通过组织开展思想交流、学科研讨、专题研修等活动，总结提炼适合本地区的办学思想和教学方法，形成独特的教学风格，成为推动教育实践和教学改革的先行地。

以名师为引领，以学科专业知识和技能的学习为纽带，以先进的教育思想为指导，名师工作室力图使每位工作室成员做学者型、研究型、专家型、智慧型的教师，从而成为教学内容的研究者、教学艺术的探索者、学生潜能的唤醒者、教师成长的引领者；使工作室成为研究的平台、成长的阶梯、辐射的中心、师生的益友。

在具体的组织与实施过程中，名师工作室主持人或者学科带头人须制定工作室的工作计划和学员周期培训计划，建立工作室工作制度；通过以师带徒的方式，传授教育教学专业技能，引领成员、学员加强师德修养，增强职业认同感和荣誉感，提高综合素质；组织开展教育教学研究，督促学员完成本学科的教育教学调查、研究报告以及教育教学论文。

作为名师工作室主持人，虽然事务繁多，但是陈海燕老师觉得自己带着一群人一起成长的感觉很好。一些年轻好学的教师，还会主动要求来旁听。

> 当你帮那些小姑娘一节一节地磨课后，真的会看到她们的蜕变，就觉得很惊喜。在那个过程里面，我就会想，原来我也可以把她们磨炼得那么老练、那么出彩，那种感觉还是很好的。

参加大赛课，做教学研究设计，参加教学评比，曾经很稚嫩的学生,在舞台上大放异彩,区内很多优秀的教研员或者教师都曾是她的学生。看到自己培养的教师团队和学生的成长,看到自己的理念和想法得到"传承",她感到很惊喜,也很欣慰。

> 一些好的理念、想法,可以分享给老师们,她们也乐意接受。也就是说,假如有一个要点是你能接受的,你就按照我说的方法去做;不能接受的,就按照你认为合适和舒服的方法去做。当打磨到他们都比较认同的时候,那种和谐的氛围真的很好。

邱海林老师乐意将自己的教学成果分享给大家。在课件制作出来后,他通常会第一时间传给备课组,与备课组的老师研讨交流。除此之外,他还会将课件传给下一届的老师。邱老师的课件资料非常完备,对各个教学环节和流程也有详尽的安排。除了分享给学校的老师外,在参加广州市的教研活动或者市外的活动时,他也保持一种开放交流的习惯。他希望通过主动分享,与同行碰撞各自的想法,收获更多好的观点。

> 如果自己封闭的话,人家的资料也不会分享给你。我们的观点也好,成果也好,都是有时效性的,揣得紧紧地也没什么意义。我跟广州、深圳的教研员的交流都是非常密切的,大家互相分享。

在工作和交往的圈子中,因为这种开放交流的心态和做法,邱老师也获得了更多参与研讨和分享学习的机会。

创客教育作为提升中小学生创新能力、培育创新意识的载体,已经越来越受现代中小学校的重视。虽然王同聚老师从事教师职业较晚,在大学毕业多年之后才开始自学计算机和机器人,但在创客教育时代来临之前，他已经为此积累和准备了多年。在2015年国家开始重视创客教育时，他筹备的"智创空间"便应运而生，不是刻意而为之。

在解决相关设备和开发相关课程、教材的问题后，普及创客教育可以通过线下创客空间与线上创客空间联动：在线下空间运用空间所配备的各种软硬件设备，以实地体验、动手实践、现场互动、交流分享的方式开展创客体验活动；线上空间则通过微信群、微信公众号、网络课程进行线上学习、分享交流。线下空间与线上空间相结合，突破时空限制，随时随地开展创客教育普及活动。它实现了学校创客资源与社会、社区和家庭创客资源共享，充分发挥了学校创客空间、社会创客空间、社区创客空间和家庭创客空间的联动作用，协同推进了创客教育的推广普及。

我会向国内开展创客教育的同行调研，制定中小学创客教育实验室建设技术规范后向上申报，待该地方标准经评定审批后，由当地技术监督局组织实施，让学校在建设创客教育实验室时能有据可依，少走弯路，为中小学建设创客教育实验室提供技术支持，引领本区域中小学校快速普及创客教育。

在贵州支教时，王老师在支教的学校看到了令人心酸的一幕：一家企业为学校赞助了近20套NXT蓝牙机器人，这些机器人放置了一年多还沉睡在学校仓库里未启封，原因是缺乏师资。这让他意识到创客教育还刚起步，前面的路举步维艰，我们任重而道远。为了更好地在偏远地区和经济不发达地区普及创客教育，他跟随支教团队先后到贵州省，广东省汕尾市、汕头市、揭阳市、湛江市为中小学校长、教师开展了多场创客教育专题讲座，培训校长和教师近千人次，让偏远地区和经济欠发达地区的校长和教师们认识到创客教育的重要性,为国家培养更多的创新型人才出谋献策。

他与团队成员精心打造的"智创空间"多年来经过实验探索形成了一套实用的创客教育推进策略,具体做法是面向中小学校组建创客教育协作联盟,面向社会大众开放创客教育科普基地,面向教师开设创客教育继续教育课程,面向学生开设创客教育体验活动课程,面向家长开设创客教育亲子互动课程,面向偏远地区开展创客教育普及活动。① 目前,已培训教师、学生和家长上万人次,接待来自海内外专家、学者上千余人,取得了较好的社会效果。

何勇校长将学校的强师工程总结为六个字:氛围、培训、平台。首先,氛围很重要。他十分注重通过专业和科研引领教师群体,作为特级教师和正高级教师,每学期他都亲自上示范课,并进行教育教学讲座,分享教育科研成果,把学校营造成一个教师学习与合作的共同体。在五年前,三百人左右的教师队伍只有一个科研课题,发展到今天,学校有四十多位教师分别有国家、省、市、区级课题。第二是培训,让教师把专业发展培训当成他们从事教师行业的最大福利。近年来,他所在的学校送出了八十多位学科教师分赴美国、英国、加拿大、中国香港、中国澳门参加教育培训,参加国培、省培、市培、区培的骨干教师共计一百多位。为保障教师培训,学校提供经费方面的保障。在这种好的福利条件下,教师们的专业自觉提升得很快。由此,学校形成了由正高级教师,特级教师,省、市、区名师为领头羊的优秀教师群体。

---

① 王同聚:《基于"创客空间"的创客教育推进策略与实践:以"智创空间"开展中小学创客教育为例》,载《中国电化教育》,2016 年第 6 期,第 65-70 页。

> 一个人要成长，一定要有平台，没有平台，他就找不到自己卓越的领域。我们给强烈希望个性化发展的教师各种支持，给他们铺路搭台。

所以，他总结的强师工程中的第三个关键词是提供教师专业发展的"平台"。如对书法教师和科技教师，学校分别建立了博雅堂和科技馆，使他们的特色课程有了实践基地。他明白，一旦这些特色课程教师形成一个团队，就可以支撑学校的书法教育和科技教育特色课程的实施。

"学为人师，行为世范。"历代教育家曾提出"为人师表""躬行实践"等思想，这些既是师德的规范，也是教师良好品格的体现。教师是学生言行举止、价值观念、行为实践的重要影响者，应当成为其学习的楷模。而当教师成为名师工作室的主持人或者学科带头人时，他就不仅是一般学生的老师，同时也是一群特殊的"学生"——名师工作室教师成员的老师，因此应当以更高的标准来要求自己，要注重自身的提高和发展，在工作室建设中向教育家型教师和校（园）长迈进，做好示范，发挥"学习榜样"的正面和积极影响。

二 鼓励，激发团队成员潜力

名师工作室作为人才培养的新阵地和学习共同体，是进行学术交流的阵地，也是主持人和成员共同发展的平台。主持人的首要任务是领航工作室成员的成长，培养他们立德树人、献身教育事业的情怀；指导他们制定职业发展规划，明确发展目标和途径，充分激发和挖掘他们的潜力。

"水相荡而成涟漪，石相击而发灵光。"工作室要为教师、名校（园）长及其团队成员提供展示才华的舞台，支持他们大胆探索，创新教育思想、教育模式、教育方法，形成教学特色和办学风格，营造教育家型教师和校（园）长的制度环境；同时，还要充分利用工作室这一窗口和平台，加强和全国同行的切磋交流，加大全媒体宣传力度，扩大在全国的影响力。

在华南师范大学进修期间，贾国富老师得到了很重要的启发，那就是"分享"。他自称"个头不高，水平不高"，然而作为广东省、广州市高评委专家和广州市教师继续教育培训专家，他一直在为培养高素质的教师人才做出自己的努力。在成立了自己的工作室之后，他非常欢迎并鼓励年轻的教师报名参加。教师工作室的成立也让他感到自己身上多了一份责任。

> 从那以后，我就在想，创建这个工作室，就要影响其他老师，要带动其他老师。只是自己默默努力，而不将自己的所思所想进行分享与交流，是一种比较自私的行为，所以要教育分享。

分享的形式可以是口头的简单话语，也可以是凝练后的随笔、论文等。言语是转瞬即逝的，而形成良好的记录习惯，教师个人的思想则可以得到更广泛的传递机会。贾老师有写打油诗的习惯。每次在参加教育活动时，只要听到一个要点，贾老师就会用打油诗写下来，在组织教育活动、带老师学习或者观摩课结束后，他也会写上几首打油诗。

作为一个爱写诗的数学老师，贾老师一年可赋诗几十首，内容多与教学教研活动有关。如"教育前沿身力行，与时俱进带头人。科研课题常引领，南粤杏坛尽同仁。"写的正是他作为特级教师工作室主持人对自身的定位和对教育的情怀。

贾老师的分享行为，通过直接的言语和间接的文字记录，让更多的教师得到了教育理论的学习和情怀的培养，促使他们对自己的职业生涯进行思考和规划。因此，鼓励教师的专业学习和发展，宣传和分享教育理念，也是一种对教育充满激情与热情的体现。教育不仅仅是学校的事情，也不仅仅是教师的事情，还需要社会成员的关注。

> 一方面，我觉得评到正高，这只是一个职称。这个职称之下还有一份职责：要多带动其他老师，鼓励其他老师发展和成长。另一方面，鼓励老师的成长与发展也不仅仅局限在对学生负责这一方面，从更广的角度看，就是对社会的责任。

除此之外，贾老师也会带领工作室成员到其他学校开展教学交流活动。比如，工作室成员曾到广州市八十七中进行市级课题课例研讨活动，以课例展示、课例研讨、教育交流的方式促进成员对"高效课堂"展开思考与实践。除了与广州市的学校进行交流外，他们也会与清远连南、连州等地进行教育交流。

听、说、读、写不仅是语言学习的重要方式和能力体现，也是教育教学中教师能力培养的重点。温利广老师觉得，"写"或者说"动笔能力"是教师一个很重要的能力。

> 我经常跟我的团队成员说，一节课上得非常好，受益的、知道的也只是五六十个学生。想要体现这堂课的价值，你就要把它写出来，让更多的人看到，并且争取正式发表，要有成果意识。

现实情况中，很多教师并不是不想把自己的经历和心得记录下来，而是对写作没有信心或者心怀畏惧，担心自己写不好，也担心自己写出来的东西被他人恶意评论。温老师认为，教师在写作上要克服心理障碍和担忧，只要坚持写，慢慢改，就能找到写作的感觉，也就能慢慢上手。把想过的、做过的、遇到困难的点点滴滴记录下来，回头再看时，这些文字不仅是一种回忆，也可以帮助自己更好地进行深层次的思考。

"写"的能力不仅仅局限于写教学心得或者论文，制作PPT也是"写"的一部分。只要把口头语言转变成书面文字，就能让教师对思绪进行再一次的提炼和整理，使教师能更加精准地表达自己。

名教师工作室主持人和成员的关系是传统意义上的"师生"或者说"师徒"关系。成员需要完成课程和作业，并最终接受考核评定。2010年，郑贤老师正式被评为广东省首批名师工作室主持人，正式开始"带徒弟"。从2010年开始一直到现在，郑老师已经有十批徒弟，每批十多个人，现在总人数已超过了一百人。

郑老师的工作室承担了省级骨干教师、农村骨干教师、广西国培班、云浮郁南骨干教师近百名学员的跟岗培训以及本区域的多名骨干教师培养工作。通过组织各项活动，包括上课听课、集体备课、说课评课、教学案例分析、课题研究、专题讲座和主题活动等多种形式的学习和培训，促进了骨干教师和农村教师的专业发展。

很多参加她的工作室的教师，现在都成才成名了。其中，有的教师成了学科带头人、教学能手，有的成了当地的名教师，有的评上了高级职称，还有一些来自广西、云浮、韶关的成员也都成了名师。

在获得世俗意义上的成功之后，郑老师觉得应该秉持一种奉献的精神，成就他人，同时也是成就自己。她的即时通信软件头像，包括工作室的LOGO都是绿叶。

可能昨天我获得了很多的荣誉，但那都是昨天的事。我要面对的是今天,新的开始。昨天所获得的,我把它视作昨日红花,那么今天我就要做一片绿叶,衬托更多未来的红花,让我们培养的老师们能在教育方面绽放出他们的风采。所以,我觉得绿叶就是衬托他们,助力他们成长。

不仅仅是行为与习惯,教师的教育理念也会继续在自己的学生中"接力"下去,激发他们在此基础上继续创新与发挥影响。名教师工作室的成员在平台和机遇下,会走向台前,绽放出自己的精彩。在广东省这一批工作室成员里,也有一位由她自己培养出来的广东省特级教师。在2018—2021年的新一轮培训中,她的学生也成了广东省名师工作室主持人。

教师个人的潜力不仅可以通过鼓励和指导的方式得到激发,在一定的任务要求和集体进取氛围下,潜力也有被充分挖掘的可能。在七八年的时间内,王同聚老师自己发表了四五十篇论文。此外,他还帮助其他老师发表了将近五十篇文章。他的学生们就是广东省和广州市"百千万人才培养工程"的培养对象,他要求每个人至少要发一篇文章。在课题上,他也努力用自己的力量指导开题工作。

为了更好地了解前沿知识,近十年来,王老师关注了三百多个微信公众号,加入了一百多个群,自己担任管理员的有十多个群,经常分享文章的有六七十个群。这些群内的成员在王老师眼中都是"同路中人",包括国内外钻研信息化以及人工智能和创客教育的教师、学者等。在思想交流碰撞的过程中,王老师也得到更多专业上的收获与启发。

我觉得要认真做事,助人为乐。不但自己要成长,还要帮助周围的人成长。大家都成长了,你才能真正做到符合你的头衔。

"学习金字塔"最早是由美国学者、著名的学习专家埃德加·戴尔（Edgar Dale）于 1946 年提出的一种现代学习方式理论。他用金字塔模型和具体数字直观地展示了不同学习方式的学习者在两周以后还能记住的内容比例。在金字塔的塔尖，是第一种学习方式——"听"，也就是老师讲，学生听，但是学习效率却是最低的，两周以后学习者只能学到 5% 的授课内容。第二种是"阅读"方式，两周之后可以学到 10% 的内容。第三种是"视听"方式，学习效率可以达到 20%。第四种是用"演示"的办法，可以记住 30% 的内容。第五种是"参与讨论"，可以记住 50% 的内容。第六种是"做中学"或"实际演练"的方式，学习效率可以达到 75%。第七种是"向别人讲授相互教"或"快速应用"，学习效率高达 90%。

由此可见，学习方式不同，学习效果也大不一样。根据埃德加·戴尔提出的理论，学习效率不超过 30% 的方式，都是听讲、阅读、视听和看演示等被动学习，而学习效率在 50% 以上的，则是讨论、实践和教授他人等主动学习和参与式学习。

跟岗学员学习、记忆相关的可视化思维工具的图式是不难的，最难的是能在具体的教学情境中灵活提取相应的图式，帮助他们轻松、直观地解决具体教学问题。如果在培训过程中"听听激动，想想感动，回去不动"，就会导致自身的优势与教学积淀不能与新的教学理论和技能结合，根本不能在实际教学中运用新的教学策略与方法，培训收效甚微。

布鲁纳（J. S. Bruner）提出："人类记忆的首要问题不是贮存，而是提取。"其实，应用可视化思维工具，既需要分析性思维，又需要直觉思维。它的应用不是有具体规定好了的图形和步骤，而是要教师采取越级的、直观的和走捷径的方式来进行创新教学设计与实际运用，使跟岗学员在解决具体教学重难点过程中能自行做出选择，大胆尝试。

所以根据"学习金字塔"理论，跟岗学员光听讲座、被动地听理论讲座是不够的。教师只有在完成特定的教学任务，进入真实的教学情境，亲身体验某一可视化思维工具的具体应用过程，并在体验后进行叙事反思，加上对跟岗学员教学实践的点评，帮助其进一步反思总结，优化应用，才能更好地深化认识。①

江伟英校长常年开展跟岗学习、送课送培训下乡的活动，帮助教师们转变理念，使他们掌握"导图导学"的高效教学策略与方法。她把数百次的支教、送教，看作一种特别的教学实验。在这些教学经历中，她发现导图导学，能提升小学生的高阶思维能力。不管是在教学条件一流的学校，还是在条件薄弱的学校，"导图导学"教学法都取得了令人惊喜的育人效果。这对许多地方的教学改革产生了重要的影响。

她发表的论文，以及"江伟英工作室"公众号上的资料、经验分享，均引领着数千教育同行、学生和家长的发展与提升。以名师工作室为平台，江校长还制定了培养骨干教师的计划和方案，通过说课评课、课例分析、教学研讨和专题讲座，培养骨干教师和名教师数百人，将崇德修身、导图导学的思维课堂理念建在许多教师心间，促进教师们快速实现专业化发展。

在工作室对广东省骨干教师与汕尾名师进行跟岗培训过程中，江校长以讲解、介绍和观课为主的培训模式调整甚至改变为"二元五次"教师跟岗培训模式，充分尊重跟岗学员在受培训过程中的主体地位，充分调动跟岗学员的积极性，使跟岗学员投入到主动学习中。江校长引导跟岗学员自觉地参与，主动地体验，

---

① 江伟英：《"二元五次"教师跟岗培训模式探索》，载《课程教学研究》，2015年第5期，第76-79页。

积极交流,并通过合作探究,增强实践的动力,推动跟岗学员快速应用,在反复多次的实践中掌握新的教学方法,生成新的教学技能,实现自身教学观念的更新、教学能力的提升。

通过工作室的教学和科研的培训与分享,工作室主持人和成员对课程设计、学生探究过程、可能存在的问题以及科研的准备、执行等环节进行预设和讨论,进而能集合整体的智慧。工作室的建设和成员的成长是不容易的。但是,一个好的团队充分汇聚了教师的群体力量,教师能在此环境下共同成长、智力共享,潜力将会得到激发,并最终获得非同一般的效果。

三 助力,发挥团队的作用

不论是作为工作室主持人还是学校行政人员,都需要对事件的整体发展做出把握和判断,都需要帮助团队成员解决在专业发展中碰到的问题,甘为人梯,效法前贤,切实发挥好"传帮带"的作用。

来自上级领导的认可、信任与支持是维系下属工作激情的重要因素之一。因此,解除下属的后顾之忧、确保其全身心投入工作,成为教学管理人员的管理要点。这就需要优先适度满足个人合理的物质诉求和精神追求,借由成员精神状态的提升来促进其后续工作行为中的主动性、创新性和发展性。这也正是学校作为一个集体不可或缺的发展基础和发展后劲。

在彭建平校长的个人经历中,他在带团队时通常有几个做法。第一个是将行政会议当作干部培训会议。每一次会议,他都会从学校管理的层面,对管理人员进行培训。他认识到,要做好一件事,必须要从原因、价值、方法和策略上做出具体的指导。只有这样,作为自己下属的团队才能更好地开展工作。第二个是对每一个分管一线的教师进行工作指导。他会帮助他们,从上到下，从理论层面到实践层面，系统地进行学习，用观察和聊天的方式，帮助他们分析问题并解决问题。

此外，支持特定行为可显著增加团队成员的信心。虽然学校中日常性的管理组织工作只需针对切实问题想对策、找方法，但事情有时会比设想的更加复杂，具体的行动有时也会显得异常棘手，个人很难通过常规的办法解决所有问题。在这样的时刻，团队领导者就要发挥引领和支持的作用，将事情由表及里地进行探讨，缓慢深入，各个击破。这一持续且不断深入的过程必然会耗费大量的体力和脑力，失败甚至会成为常态。因此，团队领导者须在强化个人信心、信念的基础上维系个体探索实践的激情和热度，在关键时刻鼎力相助，对下属包容体谅并给予改善的空间，展示领导者支持和肯定的态度。这样的举措将显著增强下属的信心、信念，使其以更加饱满的激情和自信在后续的工作中鼓足干劲，争先创优。

此外，在指导和解决问题的过程中，团队成员能更加系统地进行学习，从价值认同到实践落实，他们对团队整体产生更深、更强的归属感以及对团队领导者产生个人的由衷敬佩感。

一个学校的好坏，关键取决于教师的好坏。彭校长认为，作为一个学校的校长，首先要做好的一件事就是帮助教师们尽快地成长，或者说帮助教师们实现心中的愿望。管理层如何激发教师的热情，让教师发展得更好？他深入思考，把教师的发展作为第一工程，去充分了解不同层次的教师的内在需求。

有的教师期待自己成为一个有较大影响力的教师；有的希望成为一个课堂教学效果好、受学生尊敬的老师；还有的希望当一个默默无闻的教师。他认为，作为团队领导者必须要承认，不能企望把每一个教师都培养成有远大目标的人，但是必须要用最大的努力，在不同的层次群体中培养一批在职业上有远大追求、希望做出一番事业的人。

彭校长对于职业价值追求明确的教师进行大力支持，如为教师提供进修机会、参加学习研讨的机会等。他还为新进校的教师建群，"逼迫"他们每周交一篇教学反思，并在校园网站上发表。教师们交上来的文章，他每篇都会认真看，也会点评，找教师进行谈话和交流指导。刚开始教师们不太理解，后来变为主动请他做点评。一轮指导下来，那一批新教师都成了知名的教师，其中还有四位成了学校中层以上的干部。回头看时，他也能从教师的成长中发现自己指导和支持的价值。

在成长过程中，领导的支持和指导特别重要。刚开始是被动，有人推动，然后就从他人要求变成了自我需求。领导要让教师认识到，教师的名气来源学校，来源学生，以这种理念培养发展成长起来的优秀教师，无论到哪个学校，到哪个工作岗位都会受到社会的尊重。

团队领导者只有真正关注下属工作的全过程，才能在清楚知晓其工作进度和心理状态的基础上深度了解其执行能力和抗压能力，才可能进行更深层次的沟通，使彼此间产生亲近感、信任感与依赖感。这也就意味着，领导者要想优先且理性成全成员、支持成员，首先必须实现彼此情感上的无间隙，即在充分了解的基础上，尽力帮助成员完成相关工作或执行好特定任务。

前文曾提到过罗夕花老师"语文之路"的三个阶段，下面继续讲她的第四个阶段。她的第四个阶段始于角色的转变。她不仅自己抓住机会，也会用课题带动团队的进步，借助项目团队的力量推动想法的成熟和落地。

2014年，罗老师由一线教师转岗为区域教研员。随着统编教材的全面实施，"课外阅读课程化"既是大势所趋，也成了一线老师的难题。2018年，罗老师申报了省级课题，专注做课外阅读。她发现，教师虽然知道要引领孩子读书，也知道要和家长一起推动亲子阅读，但是却不知道如何在拿到书之后推进阅读，如何将阅读策略教给学生。

于是，罗老师想到了自己的项目团队。在几次碰头之后，项目团队找到了切入点。她开始带领广州市海珠区小学语文"青年教师成长联盟"的导师和青年教师致力于嵌入式课外阅读课程的构建与实施，旨在构建序列化、活动化的课外阅读课程体系，将课外阅读动态嵌入统编教材，与统编教材形成对位、互动、互补的关系，为一线教师提供"看得懂、学得会、易实施"的嵌入式课外阅读课程，从而将课外阅读纳入课程体系，真正实现课外阅读课程化，更好地引导学生导读，激发学生的阅读兴趣，提升学生的语文素养，同时促进教师的专业发展。

罗老师觉得，在语文教学的路上需要结伴前行。让她倍感幸福的是，她带领的工作室以及"青年教师成长联盟"的成员就是一群热爱语文教育、有所追求的教师，她们正抱团行进在语文教学的路上。

支持和引领，既可以体现团队领导者成人之美、成己达人行为的创造性、价值性，又可以提升团队成员的幸福感与信任感，促进其专业成长、发展，从而使整体工作尽善尽美。

古语有言："一花独放不是春，万紫千红春满园。"一朵单独开放的花不能代表春天的到来，只有百花竞艳才是人间春色。教育是一项为未来服务的事业，现在的悉心培养，是为了学生以后能在社会上发光发热，能为国家和社会服务。这也要求教育工作者适应社会变化，使教育方法不与时代脱节。教师帮助他人不仅仅为了培养一批新名师，更为了教育事业的长远发展。

第三部分 支持是名校长、名教师成长的助力系统

振兴民族的希望在教育，振兴教育的希望在教育工作者，教育工作者的素质和职业表现与其所受到的教育息息相关，而教师的培养和发展是在教师教育政策的指导下进行的。改革开放特别是党的十六大以来，各地区各有关部门通过采取一系列政策措施，大力推进教师队伍建设。现存的关于校长或教师专业化成长的政策的效度，是我们需要探讨的问题。

我们所采访的名校长、名教师均参加过相关的教师专业能力培训，通过相关平台使自身的能力获得快速提升。提到具体的培训内容，他们不约而同地表达出收获颇丰的感慨，而他们所获得的成果也有力地证实了这一点。在最后一部分，我们尝试探究现存的教育系统性培养制度、激励性政策、个性化指导机制和人才使用机制对名校长、名教师的影响。系统性培养制度是指国家对发展到不同级别的教师安排的针对性培训，提供教师教育，实施教师培训以及提供教师成长机会等；激励性政策是指国家提供政策、资金、技术、设备等支持，激励教师成长；个性化指导是指一对一的针对性指导，如引进高校的教授担任理论导师或实践导师对教师开展指导；人才使用机制是教师培养完成后获得相应的平台或岗位的锻炼，发挥人才的作用和价值。我们将尝试分析这些措施是否能保证教师直接受益和主动发展，我们相信这对教师个人及教师培养培训单位都有指导和帮助的作用。

第九章
系统性的培养制度是成长的主要保障

走进21世纪，教师专业发展已成为国际教师教育改革的一个引人注目的趋势。《中国教育现代化2035》提出："到2035年，总体实现教育现代化，迈入教育强国行列，推动我国成为学习大国、人力资源强国和人才强国，为到本世纪中叶建成富强民主文明和谐美丽的社会主义现代化强国奠定坚实基础。"学习大国、人力资源强国和人才强国的战略目标能否实现，与基础教育教师专业能力具有密切关联。国家重视教师或校长的培训工作，强化职前教师培养和职后教师发展的有机衔接；夯实教师专业发展体系，推动教师终身学习和专业自主发展。各个地方也非常重视教师培训。在提高基础教育教师能力方面，广东省曾推出相关的系统性培养制度，动真格，重效用，为教师成长提供了保障平台。如基础教育"百千万人才培养工程"，该工程从1999年开始，方兴未艾，其涉及的规模宏大，延续的时间长，采取的方式创新生动。从采访名校长和名教师的过程中我们了解到，无论是针对新教师的培训，还是针对已发展成熟的校长的培训，在教师的每个成长阶段，他们都获得了相应的培训机会。培训逐级递增，针对性强，频率之高，层次之多，赋予了校长和教师不断成长的可能性。系统性的培养制度为教师提供了再教育的平台，为教师职业的可持续化发展提供了保障路径。

一　高质量人才培养工程推动教师进入成长快车道

国家"百千万人才工程"的历史可以追溯到20世纪90年

代。中华人民共和国成立以来，特别是改革开放以来，我国已经培养造就了一大批专业技术人才。但是，对于经济和社会发展的需要来说，中青年专业技术人才，尤其是学术和技术带头人还十分匮乏。针对这一问题，党的十四届三中全会提出了"要造就一批进入世界科技前沿的跨世纪的学术和技术带头人"的要求。1994年，人事部专门召开了全国专家工作会议，就跨世纪学术和技术带头人培养工作做了全面部署。

1995年4月，国务院办公厅转发了人事部、原国家科委、原国家教委、财政部四部门《关于培养跨世纪学术和技术带头人的意见》。根据该文件精神，人事部、原国家科委、原国家教委、财政部、原国家计委、中国科协、国家自然科学基金委员会七部门，于1995年12月联合下发了《"百千万人才工程"实施方案》，就"百千万人才工程"的总体目标、指导思想、组织领导人选的条件及产生程序、人选的管理和培养措施等各方面做出了明确的规定。至此，"百千万人才工程"正式启动实施。

"百千万人才工程"的目标是，根据国家科技发展和经济社会发展的需要，到20世纪末，在对国民经济和社会发展影响重大的自然科学和社会科学领域里，造就一批不同层次的跨世纪学术技术带头人及后备人选。其中，第一层次是上百名能进入世界科技前沿、在世界科技界有较大影响的杰出青年科学家；第二层次是上千名具有国内领先水平、保持学科优势的学术和技术带头人；第三层次是上万名在各学科领域里有较高学术造诣、成绩显著、起骨干或核心作用的学术和技术带头人后备人选。这里的"百千万"不是一个数量的概念，而是要通过"百千万人才工程"的实施，在我国科学技术发展的主要学科和技术领域形成一支结构合理、高效精干的学术和技术带头人队伍，从整体上提高我国专业技术队伍的素质。

"百千万人才工程"的实施在社会上产生了很好的反响，而且起到了政策导向作用。各省市区、各部门、大中型企业，先后制定了本地区、本部门的人才培养计划，均取得了很好的效果。鉴于"百千万人才工程"的良好效果，进入新世纪后，中共中央办公厅、国务院办公厅发布的《关于加强专业技术人才队伍建设的若干意见》和《2002—2005年全国人才队伍建设规划纲要》均明确要求继续实施"新世纪百千万人才工程"。在认真总结经验的基础上，人事部、科技部、教育部、财政部、发改委、国家自然科学基金委、中国科协联合下发了《关于印发〈新世纪百千万人才工程实施方案〉的通知》，启动了新世纪百千万人才工程。

新世纪百千万人才工程的主要特点包括以下三个方面。一是突出了工作重点，提出"以培养国家急需紧缺的高级人才为目标"，"重点是在关系国民经济和社会发展关键学术技术领域涌现出来的具有较大发展潜力的优秀人才，以及适应我国加入世界贸易组织新形势要求的信息、金融、财会、外贸、法律和现代管理等急需的高级专门人才"。二是扩宽了选拔领域，提出"其他经济成分的企事业单位中符合条件的，也可以选拔"。三是丰富了培养措施，进一步完善了机制和环境建设，强化了竞争和考核机制，加强了以入选人员为核心的高层次人才科研团队建设。

"百千万人才工程"实施以来，以"工程"为龙头，全国各地区、各部门和企业开展跨世纪人才培养工作的积极性越来越高，分层次、多渠道，自下而上的培养、造就人才的工作体系已经基本形成。各地区和各部门都掌握和联系了一批各层次的人选，促进了多层次学术、技术梯队合理结构的逐步形成和有利于人才脱颖而出的机制建设。

对于教育行业而言，实现教育现代化需要有一支现代化的教师队伍。广东作为教育大省，拥有2000多万中小学在校学生、130多万中小学专任教师。如何将这支百万大军打造成一支现代化的教师队伍，建设教育强省，率先基本实现教育现代化，成为广东省教育部门的头等大事。2012年，广东省因地制宜，大力推进实施"强师工程"，制定出台了一系列政策举措。其中，广东省中小学"百千万人才培养工程"（以下简称"百千万"）发挥着点线结合、示范引领，推动全省教师专业发展的作用。

"百千万"旨在构建省市县三级联动、互为贯通、相互支撑、资源共享的名教师、名校长人才培养体系。该工程的上一级培养对象从下一级优秀培养对象中选拔，上一级培养对象为下一级培养对象成长提供榜样。该工程致力于将优秀教师培养成更加优秀的教师，充分发挥各级培养对象的指导、示范、引领作用，带动一大批教师共同提升专业素养，促进全省教师专业发展，培养造就一大批教育家型教师、卓越教师和骨干教师，努力营造优秀教育人才脱颖而出的制度环境。

据《广东省中小学"百千万人才培养工程"培养项目实施办法》，"百千万"的主要目标任务是，"到2035年，省级培养项目将培养数以千计师德师风高尚、教育理念先进和理论知识扎实、教育教学能力强和管理水平高，具有国际视野、创新精神、较大社会影响力和知名度的教育家型教师（校长、班主任）；市级培养项目培养数以万计的卓越教师（校长、班主任）；县级培养项目培养数以十万计的骨干教师（校长、班主任）。"

从培养项目上看，省级培养项目由省教育厅组织实施，分名教师、名校长、名班主任三种培养类型。其中，名教师培养分为幼儿园、小学、初中、高中、特殊教育等类型，名校长培养分为幼儿园、小学、初中、高中等类型，名班主任培养分为小学、初中、高中等类型。市、县级培养项目分别由各地市和县（区）教育行政部门组织实施。

省级培养项目以3年为一个培养周期。每批遴选约500名学员进行培养，各类型的培养学员人数由省教育厅根据全省教师队伍情况统筹确定。采用集中脱产学习、岗位实践探索、访学交流研修、示范引领帮扶、问题研究提升相结合的培养模式，注重研训结合、训用结合。该项目主要采取"五结合五阶段"的方式进行。

"五结合"是指理论研修与行动研究相结合，既要提高培养学员教育教学理论水平，又要与教育教学实践工作紧密结合，做到学以致用；导师引领与个人研修相结合，为每位培养学员配备导师，导师在培养全过程中加强对培养学员的指导、教学和示范；脱产学习与岗位研修相结合，培养学员既要集中到培养院校进行短期脱产培训，也要在平时的教育教学岗位上进行在职学习、反思、总结和提高；国内学习与海外研修相结合，培养院校有针对性地组织培养学员到国内外进行考察学习；研修提升与示范辐射相结合，培养学员通过参加培养工程，要实现个人专业发展和在当地发挥示范引领、带动其他教师共同成长的积极作用。

"五阶段"是指集中脱产研修阶段、岗位实践行动阶段、异地考察交流阶段、示范引领帮扶阶段、课题合作研究阶段。上述五个阶段在培养过程中统筹安排、穿插进行、有机衔接。

从培养单位来看，培养学员确定后，各培养单位应根据每位培养学员的实际情况，会同培养学员所在地市、县教育行政部门和所在单位，研究制定个性化的培养计划，并报省教育厅备案。培养单位则采取课程教学、名著研读、名家讲坛、互助学习、跟岗学习、境内外实地考察、组建团队、返岗实践等方式，促进培养学员针对有关教育问题进行深入的理论探究和实践探索，完成培养计划，达到培养目标。

培养单位每年应组织培养学员进行不少于8周的集中授课、讲座、研修、交流研讨、巡教示范等活动，其中，每年须安排1～2周在国内教育先进地区进行访学研修，安排不少于1周到省内粤东西北地区开展巡教示范活动；培养期间可安排2～4周时间赴国（境）外高水平教育机构进行访学研修。培养单位还应组建导师团对培养学员持续进行个性化指导,形成个性化的培养方案。

其培养内容主要包括习近平新时代中国特色社会主义思想,习近平总书记关于教育和教师的重要论述,教育新理念、新视野,学科历史与前沿、学科素养及个性化能力与特征养成,以及教育实验、科研方法训练等,突出教育思想及办学思想的系统化提炼和传播,注重强化教研能力,突出在教育教学和管理实践中解决实际问题的能力。

其中,名教师培养侧重教育教学新理念、学科前沿探究、教学改革行动研究、教学风格及教学思想提炼和传播等内容。名校长培养侧重办学新理念、领导力提升、学校改革行动研究、办学思想提炼与传播等内容。名班主任培养侧重中小学德育新理念、家校沟通和学生成长探究、主题班会课创新研究、班级管理思想提炼与传播等内容。

从培养学员来看,培养学员申报者的条件是省内的幼儿园、普通中小学、特殊教育学校、教研机构、电化教育机构、市县中小学教师发展机构中从事中小学教育教学教研工作的在岗教师、校长、班主任和教研员(含民办学校教师、校长、班主任)。申报者应已从事教育教学教研、学校管理工作10年以上,具有中小学高级教师职称。在年龄方面,名教师、名班主任培养学员申报者原则上应低于45周岁,名校长培养学员申报者原则上应低于50周岁。粤东西北地区、农村学校、薄弱学校的申报者,应承诺参加培养过程及培养结业后3年内只在同类地区、同类学校间流动。各培养项目培养学员由个人申请,由所在单位和县市教育行政部门根据遴选条件和推荐名额,自下而上逐级审核、遴选、推荐,由省教育厅组织专家评审确定。

在培养过程中,培养学员要提出个人发展需求,与导师一起制定个性化培养方案,按培养单位规定的时间和要求参加培养,完成培养方案的内容与任务，并形成研究成果。培养期间，学员每年在县域内上公开课、示范课或举行学术讲座 2 次以上，指导青年教师 5 人以上，所指导的教师、校长或班主任成长为县级骨干教师、校长或班主任；成立校级以上工作室（成员 5 人以上），带动所在学校及本地区教师队伍整体素质的提高；要积极参加培养单位或各级教育行政部门及所在单位组织的送教下乡、巡回讲学、专题报告、学术论坛、基层调研等活动。培养结束时，须聚焦教育教学实践问题形成有价值的解决方案、可推广的典型案例、高水平教研论文或专著等。此外，培养学员每年还须向所在地市、县级教育行政部门汇报个人培养情况。

除了广东省推出了"百千万人才培养工程"项目，市级城市也围绕此项目逐步开展培养工程。广州市基础教育系统新一轮"百千万人才培养工程"第一、第二、第三批培养对象项目实施启动仪式分别于 2012 年、2014 年、2017 年举行。截至目前，广州市已培养学员一千多名。

经过 8 年的培养，广东省教育厅共培养了 484 位省级名师、名校长培养对象，各地市教育局和区县教育局也逐渐建立起对应的名师、名校长培养工程。近年来，广东省教师队伍建设的各项指标数据稳步上升，达到了通过一项工程撬动全省教师队伍素质提升的效果。发展至今，"百千万"成为基础教育系统高层次人才培养的品牌项目。2020 年，广东省教育厅、省财政厅联合印发的《广东省中小学"百千万人才培养工程"培养项目实施办法》明确指出，"百千万"省级培养项目按照"师德为先、竞争择优、分类指导、均衡发展、公平公正"的原则进行组织实施。

"百千万"深入人心，对于加快校长或教师的成长起到了重要的作用。被问到参加过哪些培训时，我们采访的名教师、名校长都不约而同地提到了"百千万"。据统计，一共有 20 位采访对象参加了"百千万"的培养项目。

邱海林老师于 2011 年被评为广州市优秀教师，2012 年被评为广州市骨干教师，凭着自己的实力，邱老师不久便被遴选为"百千万"的一员。也就在那个时候，邱老师进入了一个全新的平台，其专业发展也因此进入了一个快车道。

> 后来我个人发展比较快，2013 年我被评为广州市的名教师，2015 年被评为广东省优秀教师。

"百千万"就像是催化剂，在这里，邱老师接触到了更多优秀的同行，其中为老师设计的课程项目对邱老师有非常大的帮助。

交流是一个人获取外界信息的窗口，是一个人增长见识的重要途径，更是可以突破瓶颈、获取灵感的一大助力。其间，项目安排教师一起走进江浙等地名校，通过接触这些学校老师的教育教学理念、参与他们的课堂，邱老师一次又一次地拓宽了对教学教育的理解。

此外，后期的培训成果梳理和检阅，让邱老师有了一次集中整理自己教育思想的机会：一是让教育教学研究的方向更集中，二是更加明晰自己的课堂风格。

王同聚老师则对"百千万"另有一番感慨。"百千万"培训过后，他曾在很多场合说过这样一句话："没有'百千万'就没有今天的我。"在参加"百千万"之前，王老师已经拥有一份稳定的体制内的工作，工作进展顺利，家里的小孩上学也有了着落，可以说是生活无忧。

> 在我的两个班上发言时，我曾开玩笑地说过，其实我本来想着每天晚上跳跳国标舞，就过上退休生活了，是"百千万"把我给拉回来了。我那个时候也不知道"百千万"是什

么,无意间报了"百千万",没想到一选就进来了。

可以说,是"百千万"成就了王老师这十年的发展。假如没有"百千万",正高级教师和国家特等奖于王老师而言都是不敢想象的。

"百千万"有很多专家教授给我们上课,这对我们来说真是知识灌输。这种"洗脑"太重要了。

在王老师看来,专家引领、培训学习是名师成长的最重要的环节。在此之前,王老师从未想过要怎样规划人生,通过在"百千万"的学习,看着身边同学的职业轨迹,才让他受到启迪,逐渐树立了自己新的目标,不断超越自己原有的成绩。

从眼界与格局两方面出发,"百千万"这一平台着实发挥了显著的效用。它在很大程度上为校长或教师提供了良好的学习生态系统。我们每时每刻都在用自己的眼界看我们周围的一切。当这个圈子被拓宽后,眼前的风景就不再拘泥于原先的界限,而是能看到更宽阔的领域。与此同时,当我们将所看到的、所想到的,形成自己的一套思想体系并内化于心,便会成为自我成长的能量,而这些无疑成就了校长或教师成长的快车道。

"百千万"的培养目标和方式有别于一般的学历补偿教育和教师、校长的在职培训,它是一种以培养创新能力、提高科研能力、形成个人教育风格为主要特征的培养活动。"百千万"由华南师范大学、广东第二师范学院和广东省外语艺术职业学院3家单位共同承担。3家单位各展所长,精心制定了具有针对性和特色鲜明的培养方案:华南师范大学的方案彰显学术力量,以教育教学和办学思想凝练为主线,帮助培养对象提炼教育实践哲学;广东第二师范学院的方案展现个性风格,以名师教学风格打造为主线,帮助培养对象形成独特的教学品牌;广东省外语艺术职业学院的方案深耕名师的专业素养,以名师的胜任素养为主线,帮助培养对象养成名师素养。

各培养单位在培训方式上也进行了大量创新。多环节、多场景、多角度课堂的创设,摆脱了传统培训的"一言堂"和"独角戏"。一堂课常常由多个专家共同授课,讲述多个领域的案例,从多个角度去分析和看待教育问题。在创新意识驱动下,各单位开发了多种新颖的课堂形式,如"嘉宾访谈式论坛""人人论坛"等。此外,先进的培养理念渗透在整个培养过程中,"在学习中成长""输出型学习方式""目标导向研修"等理念在各培养环节得到体现。个性化的方案、创新的课堂形式和先进的培养理念有效保证了培训效果,确保研修工作有序运转,成就了一批有思想的"岭南名师"。

在培养对象成长的过程中,各方都积极为培养对象的发展搭建平台:省教育厅组织"走进乡村教育"活动,设立"百千万"专项科研项目等;各机构举办校长论坛、山长讲坛、名师大讲堂,将培养对象聘为兼职教授,与国培和市培联动等;各地市将培养对象列为市级名师、名校长工作室主持人,培养对象被邀参与各类会议建言献策等。立体、多元的成长平台,为培养对象搭建了成长"立交桥",提升了他们的知识层次,开阔了他们的视野,锻炼了他们的能力。

为使培养对象有明确的学习目标,培养过程注重目标导向、任务驱动,各培养机构针对不同项目的特点为培养对象设置了最低的学习任务要求,让培养对象对照学习任务进行自我检查和激励。如中学名校长培养项目,设置了"十个一"的任务,即一份自我诊断报告、一份个性研修规划书、一份学习总结报告、一个市级以上主持课题、一份课题开题报告、一份学校互访诊断报告、一份办学思想提炼汇报资料、一篇公开发表的论文、一部个人著作、一场市级以上专题报告。当然，培养对象是否能够成为名师或名校长，只靠任务驱动是不够的，更多地还需要培养对象内在动力的驱动。在培养过程中，各机构定期开展培养对象之间的教育教学特色展示、办学经验分享、学习进展分享和人人论坛等各类同台竞技活动。这些活动不仅让培养对象之间可以互相学习、相互借鉴，而且还能让他们看到比自己优秀的人仍在继续努力，激发他们发展的动力，使自身发展的内在动力更足。

高层次人才培养工程对全省的教师专业发展具有重要的引领和带动作用，对省域教师专业发展和素质提升具有撬动的效果。广东省自实施"百千万"以来，全省教师以能成为该工程培养对象为荣，形成了"以发展为荣，把培训当成是最好福利"的氛围。"百千万"不仅给中小学教师带去了接地气的培训，也提高了教师的专业水平，提升了教师的思想境界。

二 多样化的培训形式促进教师全方位成长

随着我国教师的地位及待遇不断提升，教师已成为很多人羡慕的职业，越来越多的人加入教师队伍，这有利于师资结构优化、调整和补充短缺学科的教师，打破"教师专利"的垄断，遏制体系内部的近亲关系，为教育事业注入新鲜活力。

每一位教师都应该了解作为一名合格教师所应具备的素质和能力。培训是提高教师素质的重要途径。因此，教师应该充分认识到自身存在的不足，消除不参加培训、不继续学习照样可以上讲台的片面认识，明确只有参加相应培训才能使自己在各方面逐渐走向成熟，在教学中才能掌握灵活方法的理念，以认真的态度、新颖而广博的知识深刻透彻地理解教材，树立良好的信念和高尚的师德，使自己乐观向上，有所作为。教师通过培训逐步理解和实践学校的办学理念，并将个人的发展与学校的发展统一起来，在学校的发展中实现自身价值，为学校的建设与发展贡献个人的力量。

教师继续教育的最终目的是树立终身学习的思想，掌握学习方法，从而更好地立德树人，成就自己的专业化发展。有人说教师培训的目的是"为了提高教师队伍整体素质，适应基础教育改革发展和全面推进素质教育的需要"，但这并不是最终目的。"在不能完全预料到未来工作变化的情况下，如何使教育与未来的工作相适应"，这才是终身教育所要解决的问题。如今，教育部门出台了一系列针对性的教师或校长培训实施方案，包括国培计划、骨干教师培训、优秀校长班、教育专家班等。

中小学教师国家级培训计划，简称"国培计划"。"国培计划"中小学名校长领航工程由教育部发起，包括"中小学教师示范性培训项目"和"中西部农村骨干教师培训项目"两项内容。它是全国中小学校长培养的最高班次，也是提高中小学教师特别是农村教师队伍整体素质的重要举措。"国培计划"对百名优秀校长进行3年连续性系统化培养，旨在充分发挥名校长的示范引领作用，探索教育领军人才培养的有效模式，营造教育家脱颖而出的制度环境，着力建设新时代高素质专业化创新型教育队伍。此计划于2010年由教育部、财政部全面实施。

其中，"卓越校长领航工程"是教育部"校长国培计划"中的一个重要部分。本工程由"中小学骨干校长高级研修班""中小学优秀校长高级研究班"和"中小学名校长领航班"等培训项目组成。中小学教师示范性培训，主要包括中小学骨干教师培训、中小学教师远程培训、班主任教师培训、中小学紧缺薄弱学科教师培训等示范性项目，为全国中小学教师培训培养骨干，做出示范，并开发和提供一批优质的培训课程教学资源。

每周期的省级骨干教师培训，遴选3000名左右的中小学骨干教师分期分批进行，采取省市县共建的方式，在全省成立100

个左右的"名师工作室"，建立起广东省高校、市县教师培训机构、中小学"名师工作室"三位一体的省级中小学骨干教师培训培养体系，其辐射范围较广，加速了名师工作室的集聚效应及其联动效应。

除"百千万"外，根据《广东省人民政府关于全面实施强师工程建设高素质专业化教师队伍的意见》（粤府〔2012〕99号）、《广东省"强师工程"实施方案》（粤教师〔2012〕10号）、《强师工程专项资金管理办法》（粤财教〔2014〕86号）等有关文件精神，广东省教育厅开展了广东省教育科学"十三五"规划中小学教师教育科研能力提升计划项目（以下简称"强师工程"项目）。

"强师工程"项目分两类：第一类项目是中小学教师教育能力提升计划项目，其面向全省中小学、中等职业学校、幼儿园（含民办中小学、中等职业学校和幼儿园）及教育科研机构在岗的教师和教研人员，不含高校教师；第二类项目是粤港澳大湾区国际教育示范区建设专项项目，申报人员含九市高校在内的所有教育系统的在岗教师。

"强师工程"的总体目标为：到2018年，教师队伍的规模、结构、素质达到基本实现教育现代化发展的要求，初步建成一支师德高尚、结构合理、业务精湛、充满活力的高素质专业化教师队伍；到2020年，广大教师普遍具有高尚的师德品行、先进的教育理念、扎实的专业知识、较强的教育教学能力、教科研创新能力和服务社会的能力，形成一支引领教育现代化发展的高素质专业化教师队伍。从目标来看，"强师工程"与"百千万"不谋而合。

除了省级的培训，市级培训也在陆陆续续地展开。广州市教育局近年来出台了广州市基础教育系统高层次人才引育办法，通过面向国内外引进一批、在本土培养一批、加紧储备一批等多种方式，打造教育人才高地。2017年年初，市教育局在《中国教育报》头版刊登了引进公告，以"刚柔并济""不限期限，不限名额""市区共享资源"的方式面向全国引进高端教育人才，同时也注重培育本土优秀教育人才。市政府工作报告十大民生实事之一就是认定一批和启动培养一批教育名家、名校长和名教师，打造优秀校长和教师群落。前面提到的基础教育系统"百千万人才培养工程"，中职"百千万人才培养工程"以及"广州市中小学卓越校长领航工程"，都是夯实民生实事的重要举措，是向教育现代化迈进的人才保障。

关于校长培训，受邀采访的名校长几乎都亲身体验过。校长培训的意义不言而喻，正如"教育的发展关键看学校，学校的发展关键看校长"所言，学校的建设与发展离不开有思想、有素质、开拓进取的校长，也只有善于学习、有独特办学理念的校长，才能使学校有生机和有活力。

陈健校长（正高级教师、广州市优秀教育工作者、广州市名校长工作室主持人）曾参加广州市优秀校长班的培训，学习持续了五年时间，谈到对此次培训的评价，他用了"魔鬼式"来形容。后来，陈校长又参加了教育专家班。在读教育专家班的时候，陈校长遇到了当时参加优秀校长班的同学，这些同学都表示，前面五年的优秀校长班学习对陈校长的影响很大。为此，陈校长也深究了其中的缘由。

当时，作业布置了很多内容，要求我们必须完成，这是一个方面。第二个是周边的优秀校长对自己的影响。就从广州市来讲，一期、二期、三期、四期基本上囊括了广州市所有的优秀校长，这种学习的机制，让我们彼此都能获得同伴的帮助。因为大家在管理上各有优点。与他人交流对自己而言也是学习的机会。

正是因为这样的历练，陈校长不久便提出了"三维"办学思想，即为每个孩子的发展提供优质的教育服务，为每个教师的专业发展提供无限可能，为学校的发展不断注入活力。"三维"办学思想是陈校长在这五年的时间里通过不断实践逐步形成的。也正因此，陈健校长就这一思想申报了省级课题，以课题的方式作为自己办学思想的凝练路径。在这种反反复复地通过实践到认识、然后再从认识到实践的过程中，陈健校长对自己的办学思想有了更清晰的认识。

面对浩如烟海的学科知识，教师们一直在不懈地探索如何组织教学内容，设计更有实效的教学流程，思考怎样的教学策略才更能促进小学生的智力发展。而江伟英教师工作室的跟岗培训，则把重点聚焦在学习应用丰富的可视化思维工具解决具体的语文教学问题，从而更有效地培养小学生的高阶思维能力。

跟岗培训的目的是提升教师的教学素养，促进处于专业发展高原期的名教师及骨干教师的可持续发展。江伟英校长认为，要突破发展高原期的种种思想障碍，有效革新其教育思想的重要前提条件是正视教师已有的经验与观念。

在高层的教育主管领导的大力支持与推动下，通过跟岗学习等方式，召集各地名师、精英与骨干，设立特定的教学任务，可以促进跟岗学员形成合力，集中精力投入思考与实践，提高发现问题、分析问题、应用可视化思维工具解决问题的能力，优化课堂教学的水平，有效培养学生的高阶思维能力。

> 跟岗学员在首次课堂教学尝试中，革新过往的课堂教学方式，初步理解可视化思维工具应用的基本原理，开启了深入体验的内在动力。

2014年的骨干教师和名教师，在接受了到韶关送教、传递新教学理念的特定的任务之后,努力寻求突破,大胆尝试,设计出可视化思维工具,科学地应对教学过程中的难题。江校长表示,这样的教学实践经历丰富了"图解教学"案例,催生了跟岗学员的创造力,激活了跟岗学员的潜在智慧,引导跟岗学员在课堂教学实践中体验、理解和运用可视化思维工具,促进跟岗学员突破旧有经验,提升自身能力与素质,为跟岗学员后续的深入实践与提升,开拓了新的路子。①

从作为新教师入职,到成为老教师退休,在每个教师的从教生涯中,都要接受上百次的教师培训,大到国培、市培,小到区培、校培,多到每周一次,少则每半年一次。从国家层面来看,为了提高教师水平,投入了大量的人力、物力、财力。教育部也多次发文重申,幼儿园、中小学和中等职业学校每年均要安排教师培训经费。从教师及学校层面来看,教师培训不仅是更新迭代知识、提高教学水平的重要手段,也是促进教师自省成长的驱动力。

随着互联网发展,教育信息化也得到全面普及,但是很多教师因为不能即时接收到新型教育模式及理念,而影响了学校的教学质量。因此,很多学校希望通过培训,让全校老师能够更好地接受教育信息化新理念,从而实现老师自身知识的更新。

教师培训的最终目的不仅是教给教师知识,也不只是教给教师解决具体问题的方法,而是激起教师强烈的欲望。也就是让教师从自身实际情况出发,在思想深处发生彻底的转变,从内心认识到培训的需求,萌生出渴求学习的强烈愿望,产生从"被动接受培训"到"我要培训"的实质性转变。

只有态度发生了转变,才能促使教师在今后的教学实践中不

---

① 江伟英:《培养高阶思维能力的小学语文课堂教学初探》,载《课程教学研究》,2014年第4期,第29-33页。

断学习反思，反思自己的教学行为，反思自己的教学方法，反思自己的教学策略，反思自己的教学对象；并且在反思中发现问题，在反思中认识到不足，在反思中感觉到精神的饥渴，在反思中产生强烈的学习求知欲望。使教师培训最终走向自我培训，真正达到培养、更新教育观念，形成高尚的师德，提升教育教学能力、教科研创新能力和服务社会能力的目标。

第十章
激励性政策是成长的催化剂

自从 20 世纪二三十年代以来,国外许多管理学家、心理学家和社会学家结合现代管理的实践,提出了激励理论。这些理论按照形成时间及其所研究的侧面不同,可分为行为主义激励理论、认知派激励理论和综合型激励理论三大类。激励理论是管理心理学的范畴,早期的激励理论研究是对于"需要"的研究,回答了以什么为基础、或根据什么才能激发调动起员工工作积极性的问题,包括马斯洛的需求层次理论、赫茨伯格的双因素理论和麦克利兰的成就需要理论等。

最具代表性的马斯洛需求层次理论提出,人类的需要是有等级层次的,从最低级的需要逐级向最高级的需要发展。需要按其重要性依次排列为生理需要、安全需要、归属与爱的需要、尊重需要和自我实现需要,并且提出当某一级的需要获得满足以后,这种需要便中止了它的激励作用。激励理论中的过程学派认为,通过满足人的需要实现组织的目标有一个过程,即需要通过制订一定的目标影响人们的需要,从而激发人的行动。

从激励理论出发,激励性政策是对导致社会有更好发展前景的行为和现象的扶持,它是一种包含奖励因素和手段,目的在于引导公众朝着公共机构所倡导的方向努力的政策。激励的机理为在组织中了解人的需要,根据人的需要设置组织要求的目标,以目标为导向使员工出现有利于组织的动机,从而产生目标行为。

在教育领域,教师是学校的主体,是促进学校发展和引导学生成才的主要力量,是学校教学与管理最核心、最根本的因素,也是制约学校整体工作的决定性因素。因此，出台教师激励性政策，对教师进行有效的激励是领导者的重要工作。它对提高教师的综合素质，充分发挥教师的作用，最大限度地调动教师工作的积极性有着重要的意义。

教师的激励因素主要包括工作成就感、荣誉感和个人成长等。成就包括教师自我认可、社会认可和荣誉感三个方面。自我认可是指教师对自身工作的肯定，从而获得心理上的成就感；社会认可是指教师得到社会的认可，获得社会的尊重；荣誉感是指获得社会性的荣誉，从而得到社会各界和同行业的肯定，属于精神鼓励。本书所提及的激励性政策是指在教育管理活动中，通过从职称制度、荣誉奖励、薪酬福利、奖励性绩效等激励因素着手来调动教师的工作积极性、主动性和创造性。

随着国家对教育的重视程度越来越高，相关的激励性政策也纷纷出台以助推教师成长。激励性政策让教师们切实感受到尊重和教师职业的价值。只有立足岗位，不断提高自己的教育教学水平，积极主动开展工作，探索教育教学方法，挖掘自身教学潜力，充分展示自己的教学魅力，才能实现作为教师的职业价值和生命价值。

一 职称制度对教师的激励

教师工作的重要性不言而喻。全国教育大会指出，要把加强教师队伍建设作为基础工作来抓。建设一支师德高尚、业务精湛、结构合理、充满活力的教师队伍，是做好教育工作关键中的关键。如果说，"师德高尚、业务精湛"在学校和教师层面有更多的着力空间，那么"结构合理、充满活力"则更需要政府的宏观调节和政策引导。鉴于职称对于教师的荣誉、待遇具有无可替代的作用，要使教师队伍充满活力，深化职称制度改革是关键的一环。

2015年,我国全面实施中小学教师职称制度改革。使用近30年的原"高级、一级、二级、三级"中小学四级职称体系,全面变更为"正高级、高级、一级、二级、三级"五级职称体系。中小学教师也能评正高职称,这对于加强基础教育教师的职业发展深度,吸引更多优秀的人才进入中小学教师队伍,促进中小学教师和高校教师的职称公平与专业衔接,让广大中小学教师安心从教、热心从教、舒心从教、静心从教,无疑具有重要的意义。

目前,我国教师工资由基本工资、薪级工资、绩效工资、津贴工资组成。自中小学教师职称改革开始,中小学教师的职称等级从低到高依次为三级教师、二级教师、一级教师、高级教师和正高级教师;而教师的基本工资、薪级工资和绩效工资都与职称挂钩。

《关于全面深化新时代教师队伍建设改革的意见》和《关于深化职称制度改革的意见》印发以来,教师职称制度改革各项举措逐步落地,成效初步显现。目前,教师职业发展通道畅通,已有近万名中小学教师取得正高职称。

尽管经过多年踏踏实实、不打折扣的评选、奖励,正高级教师已从象征意义走到了广大教师身边,但从其比例上来看,毕竟还是极少数的。对于广大教师而言,他们更多地希望放宽中高级职称的比例限制,给予中小学教师更大的职称晋升空间。事实上,中高级受比例约束岗位数量少,已经是当前推进中小学教师职称制度改革中最突出的矛盾。

2018年,由华东师范大学国家教育宏观政策研究院与北京师范大学中国教育与社会发展研究院联合发布的一项研究成果表明,在当前职称改革仍然存在的突出矛盾中,有7项原因最为突出,依频次分别为"中高级岗位急缺、标准调整后岗位急缺的矛盾尖锐、学校自主权不够、评聘分离遗留矛盾、部分教师晋升无望、部分高级岗教师职业倦怠、政府部门协同机制未理顺",在这7项之中,有3项与中高级岗位数量少高度相关。

党和国家也正在大力着手解决这一难题。在中共中央、国务院印发的《关于全面深化新时代教师队伍建设改革的意见》明确提到,将提高中小学中级、高级教师岗位比例。在北京、广东、浙江等一些省份,通过正面提高比例、总体调控岗位等多种办法,中小学教师中高级岗位比例已经有了大幅提升。

更值得一提的是,中小学职称晋升正在向边疆、山区、贫困地区的教师倾斜。在一些地方,只要符合条件,在贫困地区从教30年以上的教师,均有机会直接评高级职称。这对于过去许多报道中说的,有的教师任劳任怨、默默无闻地在讲台耕耘了十几二十年,熬得头发都白了,高级职称对他们来说还是"可望而不可即"的现象,将是一个极大的改善。而教师队伍的活力,也将在这一点点壮大的希望和宽慰中被重新激活。

自1986年以来,中小学教师评定职称的规则是,小学老师最高可评到小学高级,相当于中级职称;中学教师最高职称可评到中学高级,相当于副高级职称,正高级职称的评选只是大学教师的"专利"。对于小学教师来讲,"副高"尚且无望,更遑论"正高"。现在中小学教师均可评正高级职称,自然会引来喝彩,中小学教师亦会由此产生更多的职业自豪感。高级职称注重教师的工作实绩和一线实践经历,这将有利于教师精研业务,激励更多的教师留在教学第一线。过去许多小学教师很早就评上中级职称,如果当不上领导,便失去了工作动力。有些资深教师甚至不愿留在教学第一线,而愿意到后勤去"养老"。

我国教育改革发展至今,在教师方面的核心问题已经不是数量问题,而是质量问题。很多中小学教师在离退休还有很长年限时就已经是高级教师,无论如何努力提高自己的任教水平也无法得到更高的职称。不允许中小学教师评正高级职称,明显使中小学教师的付出与得到不成正比。很多人因此退出教育行业，转而投身能够得到更高职称的事业单位。实行职称制度改革，中小学教师可评"正高"，待遇与职称挂钩并且终身享有，这使教师们更愿意在学校长期从教，有利于其教学水平的提高，也有利于保持教师队伍的稳定性。

在我们采访的 22 位名校长、名教师中，获得正高级教师职称的有 18 位。申报正高级教师的经历，在大多数教师看来，是他们的一段奋斗史，而在这个过程当中，他们都获得了快速的成长。容梅老师在分享她的成长故事时提到一点，任何人有了目标和梦想之后，他的成长速度会快很多。容老师于 2006 年评上副高级教师之后便定下了下一个目标——评正高级教师。她在回忆那段时光时感慨道，虽然经过了十年的奋斗，但她觉得自己这十年的功夫没有白费，因为在这个过程当中，自己做的每一件事情都是有意义的。

王同聚老师经过前期专家引领、培训学习的历练后，不久便给自己确立了评正高级教师的目标。回想起最开始踏上教师职业生涯的自己，王老师坦言，当时的自己想到哪便做到哪，懵懵懂懂的，完全没有规划人生的念头。自从定下了要评上正高级教师的目标，王老师便开始一点点地积累，没有论文，便发论文，对着指标一样一样来，不仅仅达成指标，还要超越指标。王老师原先是做黄金分析的，他曾这样概括他的经历：回顾我的人生经历，我原来是做跟黄金有关的工作，那时候没有挖到金子，但是一直走过来，还是在其他地方挖到了宝库，找到金子了。

教师职称评定改革在一定程度上意味着全国将有越来越多的中小学教师可以参评与教授级别一样的正高级职称。这一规定既提高了中小学教师职称评定的标准，也提高了教师的工作积极性，从侧面反映了国家对于基础教育行业的大力支持。

随着新时代的发展，教师职称制度也暴露出一些弊端，引起了社会较高的关注度。中小学教师职称制度是比较复杂的对于专业技术人才进行评价和使用的综合性制度，包括对中小学教师工作业绩的评价、专业技术水平的评价，也包括中小学教师职务聘任等。从中小学教师职称制度本身来看，其设计未能充分遵循中小学教师的职业规律。主要表现为中小学教师职称评审的规则与评审标准未能有效契合中小学教师的职业特点，不能准确衡量和反映中小学教师的工作业绩和专业技术水平，使中小学教师职称评审在操作过程中增加了中小学教师的工作负担，影响了制度效能的有效发挥。

  中小学教师职称制度自 1986 年设立以来，历经多次变革，但变革的总体力度不大。制度变革一直是在原有基础上对制度的微调，改革步伐远落后于时代发展对于教师队伍建设的现实需求，改革不够彻底，使得中小学教师职称制度对于中小学教师队伍建设的支撑作用乏力。主要表现为中小学教师职称制度灵活性不足，等级制度设计和变迁未能综合反映不同类型中小学教师群体的现实需求。同时，评聘关系未能理顺也造成了中小学教师职称制度与中小学教师聘任制度的冲突。现实中的具体表现是中小学教师职称制度中高级职称比例偏低。数据显示，2017 年，我国中小学中级及以上职称教师比例不足 60%。高级职称教师工作积极性不足也成为显著的现实问题。此外，制度的本体功能还未得到有效发挥。中小学教师职称制度的本体功能在于激发中小学教师的工作热情，促进中小学教师专业化发展。但制度实施过程中由于多方面因素限定，制度的本体功能发生了偏移，制度优势并未得到有效发挥，反而由此形成了制度障碍，阻碍了教师工作积极性的发挥和教师专业化发展的进程。主要表现为中小学教师职称制度在实施过程中融入了诸多非教育因素，使制度成为一种现实利益工具。中小学教师在现实中更多地将中小学教师职称制度看成是利益分配机制而非激励机制，这使得制度本体功能发生异化,导致中小学教师职称评定纷争不断。现实中的具体表现为中小学教师职称评聘成为学校管理者最为头疼的工作,矛盾较为突出。

无数事实证明,"事业单位职称改革有利于单位内部人才结构的优化,对于实现单位的可持续发展有着重要意义"[1]。进入新时代,中小学教师职称制度必须顺应时代要求做进一步的完善,不断推动中小学教师职称制度改革向纵深发展。

从名教师、名校长成长的精神及物质需求来看,按照现行的教师职称评审制度,教师拥有了较高职称意味着教师有较高的专业技能,在工作上取得了不错的成就,思想道德良好。此外,职称是影响中小学教师工资收入的最重要因素,在其他条件相同的情况下,职称越高,工资越高。因此,职称与教师的切身利益紧密相关,教师们普遍都很关心自己的职称评聘,会设定自己的职称目标。改革完善中小学教师制度,使之科学合理,对于改善教师成长环境,满足教师成长需求,加快中小学师资队伍建设,优化中小学教师队伍结构,促进人才队伍可持续发展,以及推动教育事业发展具有重要意义。

在改革措施上,我们要坚持"以人为本",以教师的成长为着眼点和落脚点;要坚持尊重教师职业特点,深化制度变革,充分发挥制度的本体功能。中小学教师职称制度是党和国家尊重教师、服务教师的最具体的制度设计,在中小学职称制度改革过程中必须始终坚持尊重教师职业特点,秉持服务理念,使制度的本体功能得到有效发挥。我们既要进一步了解新时代中小学教师的职业特点,结合新时代对教师职业提出的新要求,分层次、分类别、有针对性地完善制度评审规则和评价标准,克服唯分数、唯

---

[1] 潘永波:《事业单位职称改革的发展趋势探究》,载《人力资源管理》,2016年第5期。

升学、唯文凭、唯论文、唯帽子的顽瘴痼疾，围绕中小学教师的工作实际，使中小学教师职称评定回归中小学教师工作本真；又要考虑进一步创新制度模式，使制度实施能够结合各地实际更为灵活化和多样化，形成持续不断的中小学教师专业发展的动力源，助推中小学教师专业发展。

我们要打破固有思维，使制度变革跟上时代发展步伐。中小学教师职称制度改革 30 多年的经验表明，只有不断解放思想，才能进一步激发制度活力，探索出更符合实际的制度设计。中小学教师职称制度改革需要在现有实践经验的基础上大胆创新，破除原有的制度桎梏。既要打破因制度僵化而形成的中小学教师职业发展的天花板，尝试探索中小学教师年资考核升级制度与岗位聘任制度结合的多层级、多渠道的职业发展通路；又要努力破除职称终身制，使制度成为中小学教师路径畅通的职业发展平台。

我们要坚持顶层设计和实践探索相结合，确保制度改革的稳步推进。中小学教师职称制度改革涉及面广，是教师队伍建设中牵一发而动全身的重要制度变革，在其推进过程中必须做好顶层设计，注重各地推进的协调性，聚焦制度的合理性和公平性。我们既要把握制度的核心问题，统一中小学教师职称评审的程序与规范，做好制度执行的监督与指导工作；又要进一步将中小学教师的职称评审权下放，鼓励各地创造性地推进制度改革，合理使用中小学教师职称评审的结果，将之与教师聘任制度有效结合，形成相互适应、有效衔接的教师队伍建设保障体系。

二　荣誉制度对教师的激励

荣誉制度与职称制度是不同的概念。新时代要求教师成为担当国家与社会发展的"大先生"，在实现中华民族伟大复兴中国梦的实践中发挥重要作用，这些都需要在教师荣誉制度的顶层设计中体现出来，并通过荣誉的社会作用落实。实施教师荣誉制度是为了提高教师职业认可，提高教师工作成就感，促使教师工作成效得到社会的肯定，并授予相应物质和精神奖励，从而提升他们继续为教育事业服务的动力。现有的荣誉方式主要是荣誉称号和荣誉奖励，全国性荣誉称号有"全国模范教师""全国优秀教师""全国教书育人楷模"等，而"南粤优秀教师"是广东省为教师设置的荣誉称号。

我们以特级教师为例。1978年12月，教育部和国家计划委员会联合颁发《关于评选特级教师的暂行规定》，文件指出：为了提高人民教师的社会地位，充分发挥教师的积极作用，对于优秀教育工作者，应当大力表扬和奖励，对于特别优秀的教师，可定为特级教师。评选对象为在职中小学、师范学校、盲聋哑学校、教师进修学校、教学研究机构、校外教育机构和幼儿园教师，及原有教学水平较高、长期从事教学、领导教育工作有特长的校长、教导主任和幼儿园主任。

据《关于评选特级教师的暂行规定》，该奖项的评选基本条件为：①坚持党的基本路线，热爱社会主义国家，忠诚人民的教育事业；认真贯彻执行教育方针；一贯模范履行教师职责，教书育人，为人师表。②具有中小学校高级教师职务。对所教学科具有系统的、坚实的理论知识和丰富的教学经验；精通业务，严谨治学，教育教学效果特别显著。或者在学生思想政治教育和班主任工作方面有突出的专长和丰富的经验，并取得显著成绩；在教育教学改革中勇于创新或在教学法研究、教材建设中成绩卓著。在当地教育界有声望。③在培训提高教师的思想政治、文化业务水平和教育教学能力方面做出显著贡献。

1998年，许昌良校长评上了副高的职称，2000年他被评上了特级教师。在这个不断向上的过程中，他与更多优秀的人有了接触，眼界更加开阔，对自己也有了更高的要求。

其实在我看来，真正地成为一个名副其实的特级教师和正高教师，应该是在评审之后。评审之后就觉得不要愧对这个职称和荣誉，这只是一个起点。要对教育有自己的理解，要有一技之长，要有自己的教学风格、教学话语、方式、教育思想体系。所以，我觉得自己真正的发展，是评上了这些荣誉称号之后，对这些荣誉本身的超越。

2012年8月，经党中央、国务院领导批准，由中组部、人社部等11个部门和单位联合印发了《国家高层次人才特殊支持计划》（简称"国家特支计划"，也称"万人计划"）。该计划是面向国内高层次人才的支持计划，总体目标是："从2012年起，用10年左右时间，有计划、有重点地遴选支持一批自然科学、工程技术、哲学社会科学领域的杰出人才、领军人才和青年拔尖人才，形成与海外高层次人才引进计划相互衔接的高层次创新创业人才队伍建设体系。""国家特支计划"按照高端引领、梯次配置的思路，重点支持杰出人才、领军人才和青年拔尖人才等三个层次。这一计划的颁布为优秀师资提供了全新的输送渠道。

广东省大力提倡教师评选"南粤优秀教师"荣誉称号，并指出："全省教育系统要以'南粤优秀教师'和'南粤优秀教育工作者'为榜样，坚持正确方向，自觉增强政治认同，全面贯彻党的教育方针，弘扬社会主义核心价值观，教育引导学生主动向党的理论和路线方针政策看齐，正确认识国家前途命运和自身社会责任，为实现中华民族伟大复兴的中国梦不懈奋斗；坚持立德树人，把握学生思想认知规律，把思想政治工作贯穿教育教学全过程，增强学生社会责任感、创新精神和实践能力，帮助学生系好人生第一粒扣子，努力为中国特色社会主义事业培养造就合格建设者和可靠接班人；坚持改革创新，积极探索新时代教育规律和人才培养模式，为广东实现'四个走在全国前列'、当好'两个重要窗口'提供有力的人才保障和智力支撑,以新时代新担当新作为奋力开创广东教育新局面。"一枚奖章,一纸证书,更是记载着教师职业生涯上的荣光与梦想。

在知识经济时代,国家竞争的实质是人才竞争、教育竞争。建设教育强国是中华民族伟大复兴的基础工程,教师队伍建设更是基础工程中的基础工作,高质量教师队伍既是教育强国的构成性要素,也是前提性条件。习近平总书记在全国教育大会上明确提出:全党全社会要弘扬尊师重教的社会风尚,努力提高教师政治地位、社会地位、职业地位,让广大教师享有应有的社会声望,在教书育人岗位上为党和人民事业做出新的更大的贡献。所谓"君子不以口誉人""称人之美,则爵之"(《礼记·表记》)。清末以来,中国教师荣誉制度在引领全社会尊师重教、提高教师社会声望上发挥了重要作用,但始终存在级别不高的缺憾,与新时代教育强国的战略地位相比,教师荣誉制度的级别问题更为凸显。

《中华人民共和国教育法》提到"国家对为发展教育事业做出突出贡献的组织和个人,给予奖励",《中华人民共和国教师法》提到"国务院和地方各级人民政府及其有关部门对有突出贡献的教师,应当予以表彰、奖励",两部法律均将"国家"作为教师荣誉的授予机构。我国现行教师荣誉制度如"特级教师""全国优秀教师""全国优秀教育工作者""全国模范教师""全国教育系统先进工作者""全国教书育人楷模",其荣誉授予机构均为教育部及相关部委、中央媒体。

教师荣誉制度的设计是为了对教师进行嘉奖,虽然优秀教师的标准及其嘉奖在世界范围内是一致的,但对标准和嘉奖方式的解读却具有国家特色和文化品格。在借鉴世界教育发达国家教师荣誉制度的同时,更须扎根中国大地,把握中国教师文化,使荣誉真正归属于中国人认可的优秀教师。在综合考察从古至今国人对教师的要求的基础上,笔者建议:

在评选标准上评选者要继承传统教育对教师社会价值的强调。孔子周游列国劝说当政者接纳和实施仁政，正是他胸怀改善乱世的社会责任使然，"万世师表"未尝不是对其社会价值的褒奖。在陶行知眼中，乡村教师不只是传道授业解惑，还必须发挥其影响乡村进步的作用，是改造乡村生活的灵魂。其足迹所到之处，一年能使学校气象生动，二年能使社会信仰教育，三年能使科学农业著效，四年能使村自治告成，五年能使活的教育普及，十年能使荒山成林、废人生利。"人民教育家"是对其教书育人的奖励，更是对其以乡村学校为平台教育万千人民百姓的思想与行动的嘉奖。正是因为这份社会责任感，千百年来，中国教师群体严格要求自己，以德正学高为追求，主动承担起移风易俗的社会责任，自觉表征一个地方的文明程度，使他们赢得了举世无双的"先生"尊称。

评选者在评选对象上要肯定集体的力量。中国的中小学校的教研组组织，虽借鉴于苏联，但却在中国生根发芽。除原初的统一教学进度、研讨教学方法等，发展至今已衍生出集体备课、学习研讨、课程开发、教学研究、课题研究等多项功能。在中国，每一位教师的成就都离不开教研组的托举和支持，甚至可以说每一位教师的成就其实就是其背后整个教研组的成就。因此，教师荣誉制度在嘉奖教师个体的同时，不应忽视各种各样的教研集体。

此外，教师荣誉制度还承担着营造尊师重教的良好社会风尚、肯定教师的社会贡献、增强教师荣誉感和价值感的重大使命。这要求荣誉教师评选活动应具有相应的专门性、专业性、教育性。唯有如此，才能保证教师荣誉的价值和意义。

当前，我国教师荣誉评选主要由教育行政部门联合其他政府部门、媒体共同举办，于评选当年设立层层评选工作领导小组，并将具体执行机构置于相应教育行政部门的对应组织。这种方式使教师荣誉评选工作表现出临时性、兼职性的特征。虽然这种方式能使评选者在较短的时间内完成评选工作,但却难以保障"做好"评选工作。此外,各届各级评选工作领导小组基本上由在任教育行政部门各级领导组成,教育专业的社会团体、研究机构、专家学者是缺席的,而最为了解参评教师的教师同行、学生及家长群体也处于集体无声的状态。评选主体是评选活动质量的保障。因此,笔者建议将教师荣誉评选工作专门化、实体化,成立专门、专业、专职的"全国教师荣誉评选委员会",吸纳专业协会、历届获誉教师,并赋予同行教师、学生及家长在评选之前、评选之中的话语权。

从时间来说,我国各类教师荣誉评选是时间倒逼模式,以9月10日教师节为截止日期向前推至当年5月,从发布通知到结果公示,平均历时3个月,扣除上传下达、材料撰写等时间,真正用于评选本身的时间是比较少的。我国有一千多万专任教师,分布在全国各地,既有交通、信息发达地区,也有偏远落后地区,这意味着我国教师荣誉评选工作是极其复杂和高难度的。如此高价值、高难度、高复杂性的工作却要求在一个较短的时间内完成,其制度设计急需调整。

从类型上说,一千多万专任教师覆盖学前教育、义务教育、高中教育、普通教育、职业教育、高等教育、公立教育、私立教育等各级各类教育,因此,扩大国家级获奖教师规模既是对各层级各类型教师群体专业独特性的尊重,也是我国教师和义教育人口众多这一国情使然。

从程序上说,这种时间上的紧迫性也导致了程序上的不完整,实地走访与调查环节的缺失,量化的评选标准可能会背离评选工作的初衷。因此,中央和省级评选委员会应组织专业团队进入候选人学校,观察教师的教育教学,调研同行评议,掌握学校、社区、学生及家长对教师的评价。

第十一章
个性化指导是快速成长之法

我国的教师继续教育培训已经进行了十来年，既取得了一些效果，也存在一些问题，例如，部分培训内容不适应教师需要，培训方式单一，针对性不强，等等。同时，由于我国城乡差异较大，乡村普遍缺乏教学科研信息资料，现代化教学设施不足，因此，乡村教师迫切需要扩大知识面，了解和运用新的教学方法。

此外，在培训工作中，教师的个性化需求没有得到满足。例如，不同专业发展阶段和发展特点的要求也不同。通常，新手教师对于管理学生以及教学手段的运用比较感兴趣，而骨干教师及以上专业发展阶段的教师对于研究学生学习心理以及如何开展教育科学研究比较感兴趣，而现行的培训模式难以在这些方面提供帮助。有的教师需要在个人兴趣爱好方面得到拓展，喜欢参加符合他们兴趣爱好的课程，如课题专题研究、人文游历、摄影、影视采集、插花等课程。这类有利于提升个人审美修养品质的课程在实行大规模继续教育培训之后的今天，有更广阔的需求。这一新现象促使教育培训部门思考如何开展促进教师个性化学习的教育培训。

针对教育改革进程中面临的一系列问题，个性化教师指导培训模式应运而生。对于教师的个性化指导来说，它具有两层内涵：一是要根据教师的自身发展状况进行专业的对口的个性化指导，促进教师专业化素质的提高；二是要注意从学校的具体情况出发，根据学校的办学特点对教师进行符合本学校专业设置的个性化指导。只有如此，才能真正提高教师的专业水平，促进学校进一步发展。

新基础课程改革对教师的个性化发展提出了新的要求，对教师的专业知识结构、课堂教学能力、实际思维方式以及创新性教学手段都提出了新的标准。所以，对于一些专业技能不高或者缺乏创新研究的教师来说，进行个性化教师指导是非常必要的。由于新教育改革对教师的要求越来越高，一些教师鉴于自身专业技能缺乏的现状，更迫切要求通过个性化指导来进一步提高自身的专业素质，以更好地专业技能进行教学活动。对于本文所提的主要对象——名校长和名教师，他们都是教育领域的高层次人才，在他们的成长过程中，个性化指导所起的作用更重大。

一　个性化指导从校本培训的个性化做起

《面向21世纪教育振兴行动计划》（1998年10月28日）中提出了"跨世纪园丁工程"这一概念，其重要内容之一是对全体中小学校长和教师进行继续教育。而我国"校本培训"的概念最早是在1999年教育部《关于实施"中小学教师继续教育工程"的意见》中提出的。

社会的不断发展进步对教师的要求越来越高，教师的素质急待提高，而教师校本培训正是解决这一问题的最好方法。学校牵头组织的校本培训对教师的发展同样意义重大。校本培训是欧洲教师教育协会于1989年界定的一个专业名词，源于学校课程和整体规划的需要，由学校发起组织，旨在满足个体教师工作需求的校内培训活动。[①]

我国在20世纪80年代开始探索校本培训之路。目前，校本培训已成为中小学教师继续教育的主渠道之一，并表现出以下三

---

① 曲铁华、牛海彬：《高校教师专业发展途径解析》，载《现代教育科学》，2007年第5卷第5期。

方面的优势：一是校本培训具有很强的针对性。校本培训以学校和教师的实际需求为出发点，和学校的情况、教师的工作紧密相连。学校及教师可以根据自身的实际和发展需求，提出培训课题并组织实施，其培训结果可以直接转化为教师的教育教学能力。二是校本培训创造了终身学习的氛围，极大提高、扩展了培训的时间和受训教师的覆盖面，使全校教师不断取得发展和提高，弥补了培训机构集中培训的不足。三是校本培训可大大提高专业发展的效益。中国的校本培训由学校组织、以学校为基本单位、基于并为了学校的发展，学校有充分自主权，满足了学校和教师发展的目标和需求，与传统的院校培训有着明显的区别。

校本培训工作是实施"提升工程"重中之重的任务。校本培训的意义在于通过提高教师的综合素质来提高教育的质量，从而促使学校的发展。作为中小学教师继续教育的一种重要形式，校本培训在适应当前教育改革和发展、适应新一轮中小学教师继续教育要求、适应农村税费改革和优化中小学教师队伍等社会经济发展改革措施等方面具有重要的意义，是深化我国中小学教师继续教育发展的一条重要途径。校本培训有利于提高教师实际教育的能力和水平。中小学教师参与继续教育，其学习的目的不只是提高自己的学术水平，更主要的是提高自己的教育水平，并直接为教学服务。

如今，"一朝受教，终身受用"的时代已经过去。通过校本培训来触动教师的思想，升华教师的经验，完善教学中的不足，已成为时代的趋势。教师的专业发展注定是一个终身的过程。如何通过校本培训帮助教师成长，许昌良校长曾经仔细思考过这个问题。

许校长做了一个尝试：在学校校本研修领域，他选出十几位教师，计划通过校本培训的方式，让教师们在两年时间内获得成长。每个人围绕自己的教学提出自己的两个优点、两个不足，用比较清晰的语言描述出来,然后由许校长制定指导方案。许校长找来了无锡市的三位语文、数学、英语学科的特级教师,让这三位教师各自带三个徒弟,走进课堂,对照个人的两个特长、两个不足进行思考,巩固优化伸展这两个长处,补齐两个短板,听完课之后还要进行一对一指导,然后再来修改自己的计划。

这有别于以往的全员培训,是从学校中选择个别教师进行持续的个性化指导与培养。就这样,许校长每学期请专家过来,围绕这些徒弟,连续跟踪两年,不断巩固两个特长,解决两个不足。两年之后,这些教师的能力都得到了一定的提升,所获的效果显著,且学校的综合办学成绩也随之提升。

二 个性化指导基于教师的成长需求

每个人都需要理解和被理解,这是相互尊重的前提。在教师的专业成长与发展中,对于教师的理解,应该是每位专业引领者的基本素养之一。开展个性化指导,我们同样需要基于教师的成长需求。

我们在前面提到过的马斯洛的需求层次理论指出:人都有一系列复杂的需要,这些需要是一切行为的源动力。而且这些需要是由低级向高级依次发展的。一般说来,人们只有当较低层次的需要得到满足后,才会追求较高层次的需要。不同的人有不同的需要,只有了解教师的成长需求,并尽可能满足,才能让教师获得成长。对于教师的成长需求,我们可以通过座谈会、民主测评、问卷调查等正式方式去了解,也可以通过娱乐活动、聊天等非正式方式去了解。

教师的成长需求,较为关键的一条是教师的专业发展水平提升。目前,世界各国都非常关注和重视教师的专业发展水平。现代化的教育发展离不开教师的专业发展,教师的素质和能力往往决定了一个人、一个国家的未来。如今，一些教师的专业水平已不能满足素质教育的要求，两者的差距也越来越明显。因此，提高教师的专业水平势在必行。只有提高教师的专业水平，才能提高人才培养质量，满足时代的要求；只有提高教师的专业水平，才能实现课堂的高效，学生才能得到全面发展。提高教师的教育理论水平、丰富学科知识以及增强信息技术能力，是教育改革所要求的。随着新课程改革深入，教师专业发展应具有更宽广的专业知识背景和专业能力。

由于教师受自身素质水平的制约，对科研的认识和操作水平会有较大的差别，"专业引领"可以帮助教师摸清方向，给予正确及时的指导，避免教师走过多的弯路。专业引领要对提升教师教育理念和解决教师教育实践中的困惑、问题起到重要作用；要提出一些让教师"解渴""解难"的工作方法，使教师真正认识到教研科研的必要与实效，让教师自觉地参与到研究中来；也可由学校树立起教师学习的榜样，让教师以身边名师为目标，加强学习以提高自身素质；也可请专业研究人员就行动研究的策略、方法为学校教师做专题指导，提升教师的科研意识，提高教师科研的实践能力。

罗夕花老师至今仍然很感恩当初在参加海珠区明珠杯比赛前指导过自己的一位科长——周科长。当时海珠区明珠杯比赛的赛制跟以往有所不同，那次设定的范围总共有十六课，比赛开始前安排老师们现场抽签，老师则根据抽到的课程内容，现场上20分钟的课。当时周科长提到，没有预设就没有生成，告诫罗老师不要对现场抽签顺序抱有侥幸心理，要一课一课地准备。在一个学期的初赛结束之后，罗老师有机会进入决赛，周科长跟她提出有四个方面需要改进。

那一次指导给我带来的最大改变是什么？我觉得是让我

明白了评价的重要性。往常年轻教师喜欢按自己的教学流程走下来，对学生的回答是没有什么反应的。她说你一定要学会及时评价学生。她拿了很多本教学实录要我阅读，寒假阅读完之后，她要求我将不同环节的评价归类。

周科长给罗老师布置寒假作业，比如指导学生读书，教师可以用哪些评价语；指导学生提问的时候，教师要用哪些评价语。于是，罗老师就把那些实录阅读完了，也进行了听说读写的评价语的归类。

到了第二个学期，周科长要求我从开学起，把后面四个单元的教学内容一课一课地磨。她说只有充分的预设，才会有课堂精彩的生成。然后有一次比赛抽中了我磨过的课，我就在那次比赛中取得了一等奖第一名的成绩。周科长在我的专业成长路上，在备课的点点滴滴中，教会了我很多东西。

在教学活动中，教师把教育影响通过各种方式传递给学生，利用教育影响把教师和学生联系了起来，使教育影响成为主体和对象之间的中介。通过周科长的教学指导，罗老师对教学的理解愈趋深入，自己的教学能力也日趋完善，慢慢开始胜任教师的工作。

教师具有什么样的教育教学理念，决定其在教育教学中相应产生什么样的行为方式。在教师的专业发展过程中，让教师掌握并形成新的教育教学思想理念是教师获得专业发展的首要任务。为了完成这一任务，指导者可采用讲座、学术专题报告、专题理论研讨、教学问题诊断、案例评析、教学专题座谈咨询和引导自学等形式，让教师全面掌握新的教育教学理论。在当前新课程改革的背景下，就教学思想理念的引领来说，主要包括教材内容的理解分析、课程教材教法的分析辅导、课程标准与学科课堂教学问题的评析等等。

在教师的专业发展过程中，在教师掌握了教育教学思想，形成了新的教育教学理念的基础上，指导者要与教师就某种教育教学内容或现象进行探讨，引领教师并与教师共同拟定教育教学方案。在共同拟定教育教学方案的过程中，指导者既要发挥引领作用，也要指导教师在科学的教育教学理论下，逐步形成具有自身特点和风格的教育教学设计，并使教师学会独立拟定教育教学方案。共同拟定出来的教育教学方案，既要符合教育教学科学理论的要求，也要有利于教育教学的具体实施。

在教育教学方案拟定完成之后，指导者要与教师一起将共同拟定的教育教学方案直接用于教育教学实践。以教学为例，指导者要引领教师将拟定好的教学方案直接用于课堂教学之中，要让教师在教学实践中尝试实施教学方案，验证教学方案的可行性和有效性。在教师使用共同拟定的教学方案进行教学实践的过程中，引领人员要深入课堂，关注、考察和记录执教教师的教学行为，并将教师的课堂教学行为与拟定的教学方案进行比较，找出其与教学科学理论的差距，以备在教师教学尝试之后与教师一起讨论进一步修订方案、改进教学方法和教学行为。

就教学来说，在教师进行教学实践尝试之后，指导者要安排和组织教师对教学尝试的情况进行反思和评议。在这里，指导者和执教者首先要对自己的教学设计和行为进行自我反思，说明设计思路，找出教学预拟方案与教学行为的不和谐之处，分析原因，寻找解决方案。同时，指导者要让其他参与教学实践活动的教师对教学设计和执教教师的教学行为充分发表自己的看法和意见，指其优点和不足，并提出修改建议。在此基础上，指导者要总结大家的意见，进一步引导教师将教学尝试行为的反思意见落实到新的教学行为之中，改变原来课堂教学中的不足，把思转化为行。这样经过几次反复,直至创造出充满活力的课堂教学环境。

指导者既可以是教育科研的专家,也可以是教研部门的教研人员,还可以是既有一定的教育教学理论,又有丰富实践经验的教育教学第一线的骨干教师。科研专家对教师的引领主要是教育教学科学理论的引领,教研人员对教师的引领主要是把教育教学理论与教育教学实践结合在一起的引领,第一线骨干教师对教师的引领主要是具体实践操作的引领。

指导者必须具有较高的素质水平和引领能力,在对教师的专业引领过程中,既有对教师理论上的指导,又有实际的教育教学示范。除此之外,指导者既要参与到教师学习、研讨的过程之中,又要对教师具体的教育教学实践进行评析,还要采取切实有效的方法措施,指导教师开展教育教学实践活动。因此,指导者既必须具备丰富的教育科学理论知识和实践经验,又要对引领工作保持工作的积极性,要乐于从事引领工作,这样才能保证引领工作的顺利和有效进行。在专业引领的过程中,作为接受引领的教师,要有积极上进的精神,要确立"我要学习""我要发展"的思想,在接受引领的过程中要充分发挥自己的主观能动性,要积极配合,要向指导者虚心学习、认真求教,要深入钻研,努力提高自己的业务能力。

指导者对教师无论是教育科学理论的引领,还是教育教学实践的引领,都要努力做到"到位而不越位"。到位,就是给教师提供必要的帮助;不越位,就是指导者对教师引领不能越俎代庖、包办代替。在专业发展过程中,教师是发展的真正主体,指导者无论怎么引领或指导,都不能也不应该代替教师的独立思考和实践活动。引领的最终目的是不引领。因此,指导者对教师的引领要立足于提高教师的教育教学理论水平和独立的教育教学和实践研究能力,要通过到位而不越位的引领,使教师真正能够获得良好的专业发展。

三 理论与实践双导师指导是名校长、名教师成长的保障

要想成为什么样的人，就要与什么样的人在一起。因此，在培养过程中，各培养项目聘请了名师和教授来做双导师。其中，理论导师是国内知名大学的教授，把培养对象当成研究生一样来培养；实践导师是省内资深的名师、名校长，像教练一样手把手地教培养对象。这种"导师＋教练"的培养形式有效解决了培养对象集中培训后的日常指导难题。培养对象在日常教育教学和教育管理中遇到问题随时可以咨询两位导师。作为一种个性化培养方式，在培训实践中将具有相同经验和特长的学员分到一个工作室，再聘请有相应专业研究的理论导师和相同实践背景的实践导师进行个性化指导，这样更加有利于学员形成和完善个人的教学风格或办学思想。工作室内还根据培养对象需求和导师的设计组织小范围、灵活多样的研修活动，弥补全员集中培训的不足。

发展至今，教师导师制的实施，不仅缩短了教师的成长周期，而且还做到培养内容与教育教学实际的紧密结合，同时充分利用了现有的教育培训资源，降低了教师的培养成本，并且已经成为教育界助推教师成长的有效方式。导师制的形式适用教学相长的教育原则，新老教师之间通过交流切磋和相互监督，从而达到相互学习、共同提高的目的。

当初容梅老师全身心地扑在基地的建设上，虽然这个基地是临时成立的一个项目基地，但是有机会接触到一些专家，可以得到他们的指导。当时，那个项目请到了一些专家过来带领教师们，这些教师都是从各个学校挑出来的优秀教师。

使我印象深刻的是蒋教授给我们买了好多的书，然后针对每一个老师的情况给我们安排了任务，让我们去读不同的书。他每个月都会跟我们进行交流，让我们分享读书的收获。

教学质量是学校发展的生命线，提高教育教学质量是学校发展的永恒主题，而教育教学质量提高的关键在于建设高素质的师资队伍。导师制，必将促进完善学科梯队建设，促进教师队伍的整体优化，从而对提高学校的教育教学质量，起到积极而深远的推动作用。

此外，作为导师的老教师用自己高尚的品德、优良的师风在教师面前树立起人民教师的光辉形象，可以在潜移默化中影响教师，解除他们的迷茫，坚定他们的信心，激发他们爱岗敬业的热忱。

"师者，传道授业解惑也。"导师在教师的成长道路上，既是人生的导师，又是专业知识的传授者，也是疑难问题的解答者。正如人的成长始终是以传帮带的形式进行，教师的提升也是一样的道理。无论在职业发展的哪个阶段，教师都需要外在力量的引导、帮助，这样才能最为有效地激发内在的潜能，才能保证所走的路径向着代表着希望和成长的方向延伸，成就自身的职业发展。

教师的发展要靠自己，导师可以帮助他们唤醒沉睡在内心深处的认同感与成就感，用各种方式呵护它们，从而帮助教师实现自我的发展。具体来说，导师可以从以下几个层面开展指导。

帮助新教师尽快度过适应期。一个新教师来到学校，他所面临的最大问题是角色的转换。从学生到教师的转换，从他校教师到本校教师的转换，这些都需要一个适应期。其中，新教师的适应期更长。适应期越长，其认同感的建立就越困难，其专业发展的阻力就越大，因此，应该帮助他们尽快度过适应期。当下，解决这个问题最好的方法是建立真正的"师徒制"。为新教师找一个负责任、有经验的老教师做师傅，帮助他们尽快适应课堂、适应学生、适应教学，扶一把、推一下，可以大大缩短新教师获得认同感的时间。从许多教师成功的专业发展经验来看，在他们的成长初期，除了自身要有很高的素质和悟性外，一个好师傅也能发挥至关重要的作用。

教师的专业发展从新教师起步，这就要求呵护好新教师初步的认同感。他们就像我们的学生一样，渴望被认可，渴望被赞扬。因此对待走出适应期，刚刚建立起初步认同感的新老师，我们要多一分宽容，少一份苛责。正如许多年轻教师有着一种初生牛犊不怕虎的精神，他们常常会把自己的奇思妙想带进课堂。这些想法有的可能是"好极了"，可也有的是"糟透了"。遇到这样的情况，如果是一顿暴风骤雨般的责骂，我们可能就造成了一个"庸师"。可如果我们赞许他们的勇气，宽容他们的行为，帮助他找到为什么"糟透了"，我们可能就造就了一位"名师"。

唤醒老教师沉睡的成就感。随着年龄的增长和受到错误发展观的影响，一些老教师，尤其是已经评聘为副高级或正高级的教师，会停下自己发展的脚步。老教师日复一日的教学成了枯燥、单调的重复，别说幸福感了，就连存在感都变得很低，从而成为学校的老大难问题。光靠外部的刺激已经很难让他们停止的脚步再动起来，这时就需要唤醒老教师沉睡的成就感。

此外，还可以通过教师组成"学习共同体"的形式唤醒老教师的成就感。老教师有经验，年轻教师有想法。两者的结合，就是 $1+1>2$。老教师的经验可以帮助年轻教师少走弯路、更快地发展。年轻教师的想法也可以给老教师以启发，从而燃起他们再探索的热情。通过共同体的学习，使老教师找回成就感，找回幸福感，也找回发展的动力。

第十二章
人才价值发挥是成长的可持续之路

人才价值发挥是教师存在意义的重要体现。教育是一个令教师拥有极大提升空间的领域。一个职业如果不能在一定程度上为从业者提供自我发展的空间，那么这个职业就不能称之为一个好职业。人才价值发挥给了教师新的成长空间，为教师成长提供了可持续发展之路。

一 教师成长价值需要发挥的平台

纵观我们的访谈情况，培训结束后，大多数名校长和名教师通过选拔走上了科研、管理等岗位，为学校教育教学事业发展增添新动力，为自身带来了可持续发展的职业道路。

《广东省中小学"百千万人才培养工程"培养项目实施办法》指出：名教师培养侧重教育教学新理念、学科前沿探究、教学改革行动研究、教学风格及教学思想提炼和传播等内容；名校长培养则侧重办学新理念、领导力提升、学校改革行动研究、办学思想提炼与传播等内容。随着社会变迁与历史推进，人类文明不断向前发展，社会发展对于人才的需求量也随之变多。

2012年，为加快广州市教育现代化建设，培养和造就一支师德高尚、业务精湛、结构合理的高素质专业化教师队伍，激励他们发挥示范、辐射、引领作用，广州市开展了第三批基础教育系统名校长和名教师认定工作。①

各类人员认定应具备以下基本条件：①政治思想素质好，具有良好师德表现，坚持党的教育方针，忠诚人民的教育事业，热爱教师职业，积极实施素质教育，教书育人，关爱学生，为人师表。②具有大学本科及以上学历，从事教育教学、学校管理工作15年以上，取得中小学高级职称，在广州教育领域有较大的影响力。③身体健康。

名校长还应具备以下条件：①现任正职校（园）长，担任正职校（园）长满一个任期（或4年）以上，有明确、科学的办学思想和教育理念，具有较高的教育科学素养和扎实的现代教育管理理论基础。②具有较高的政策水平和管理能力，能全面准确地理解和执行党和国家有关教育法规、方针、政策，带领学校取得了显著成绩，在教育教学以及学校管理等方面业绩突出，获得区（县级市）以上教育部门和同行专家的肯定性评价。任校长以来，学校管理方面曾获区（县级市）以上先进单位称号。③勇于教育改革，积极开展教育科研，有较强教育科研意识、科研能力及科研组织管理能力，并取得了较显著成绩。论文和著作：任校长以来在具有国内统一刊号（CN）或国际统一刊号（ISSN）的专业刊物上公开发表学校管理类和教育教学论文各1篇（含本数，下同）以上，或公开出版教育类学术著作1部以上；教育科研项目：主持市级以上教育科研项目1项以上，或作为主要成员（前3名）参与市级以上教育科研项目2项以上，或教学成果奖获市级三等奖以上的奖励，或教育教学教改经验通过市级以上鉴定，具有较高推广价值。④本人获市级以上荣誉称号。

名教师还应具备以下条件：①具有较高的教育理论水平，熟

---

① 广州市教育局：《关于认定广州市第三批基础教育系统名校长和名教师的通知》，见广州市教育局（http://jyj.gz.gov.cn/yw/tzgg/content/post_5689839.html，2012-12-14）。

练掌握所教学科的理论知识，在学科领域有一定的知名度，是所教学科（或专业）的教学带头人。②教育教学成果突出，在学科教学、班级管理、学生各种学习和竞赛活动辅导等方面取得过显著成绩，在市内有一定知名度。③具有较高的教育科研能力，承担过市级以上教育科研项目，并取得有较大影响的教育科研成果。论文和著作：近 5 年内在具有国内统一刊号（CN）或国际统一刊号（ISSN）的专业刊物上公开发表教育教学专业论文 2 篇以上，或公开出版教育类学术著作、教材 1 部以上；教育科研项目：主持市级以上教育科研项目 1 项以上，或作为主要成员（前3 名）参与省级以上教育科研项目，或教学成果奖获市级三等奖以上的奖励，或教育教学教改经验通过市级以上鉴定，具有较高推广价值。④曾获市级以上荣誉称号。以上所指"荣誉称号"均应为各级政府或教育行政部门所授予。论文、著作、教材等原则上要求为第一作者。同等条件下，名校长和名教师的认定向农村、边远地区倾斜。已参加省、市"百千万人才培养工程"培养的对象，经考核合格，可优先认定。

当罗夕花老师是一位新教师的时候，她便获得了专家面对面指导的机会，之后的学习机会让罗老师快速成长。了解了她的履历，我们为之赞叹。罗老师 2004 年就被评为"南粤优秀教师"，2007 年被评为名教师，2009 年被评为副高级教师，2010 年被评为特级教师，2016 年被评为正高级教师。因为这些经历的累加，罗老师目前已是海珠区的一名教研员，指导区域的教师教学，发挥自己更大的潜力与价值。

陈洪义老师起初也是一名默默无闻的新教师。但是，他认真对待每一次培训机会。因为在教学上的突出表现，屡获殊荣，并被提拔到教研员岗位。陈老师充分发挥名师的示范引领作用，经常在省内外巡回讲学。

对教师来说，教育科研是教师对教育教学活动有意识的追求和探索，是运用教育科学理论指导教育活动的自觉行动，是对所从事的教育教学活动一种清晰而完整的认识。它既体现了行为主体对教育教学环境的主动适应，又体现了行为主体对教育教学环境的积极影响和改造。教师通过参加和开展教育科学研究，可以提高学习现代教育理论规律和方法技术的自觉性，树立现代教育思想和观念，提高理论水平，提高对自身教学活动的教学对象的敏感性，及时发现问题、分析问题并努力寻找解决问题的策略和办法，不断探究各种新型有效的教学方法和模式，有效地改善教育教学的面貌和质量，满足内在的成就感与价值感，增强工作的责任心与积极性，同时提高自身的创造能力和其他各种能力，使自身获得全面而快速的持续发展。

实践证明，学校的管理主要是一种引领，一种文化熏陶，而不是靠强硬的行政手段去推行高压政策。校长的教育理念、综合素质往往影响着一所学校的教育教学行为和发展方向，在学校管理和发展中具有重要作用。如果一所学校的校长缺乏教育理念、综合素质不高，不但不会带领这个学校发展，反而会让学校越来越差。最重要的是，对于学生来说，这直接影响他们今后的发展和出路，这种坏的影响可以说是他们人生中一场灾难的降临。相反，如果一个校长具有先进的教育理念，而且综合素质很高，他将会给学校带来很大的福祉，很快会把学校引上阳光发展之路，而且使师生产生强大的凝聚力和向心力，把学校办成师生共同发展的乐园。

2012年，有着近20年校长任职经历的崔海友，接到上级部门的委托，肩负起创办一所区属外国语学校的重任。当时，天河区还没有一所公办外国语学校。在天河外国语学校（简称"天外"）的创办过程中，崔海友校长克服各种波折和艰难，对该校的成功创办发挥了至关重要的作用。如今，"天外"已成为区域学校的一张亮丽的名片。从数学教师到名校的校长，再到天河区教育局教研室主任，崔海友找到了发展事业的意义。他认为最光荣的事情就是看着孩子们在学校里快乐地成长，去实现自己的梦想。

无独有偶，彭建平校长也是从一位优秀的数学教师走上校长岗位的。如今，他担任省名校长工作室主持人，引领入室学员刻苦学习，而他自己也不放松，先后出版《教育，让生命激扬生命》《校长治校方略》等著作，在《光明日报》发表了《培养人才，应超越分数和升学率》、在《中国教师报》发表了《教育家型校长的必备品格》等文章，产生了十分积极的影响。他常说："老师的精神生活决定了课堂生活的质量，老师的心灵力量决定了学生的生命强度，因此，我们注重提高老师的幸福感。"人才价值发挥，是为社会和教育可持续发展提供服务和保障。

二 教师成长价值需要科学评价

2018 年，中共中央办公厅、国务院办公厅印发了《关于分类推进人才评价机制改革的指导意见》（以下简称《指导意见》），并发出通知，要求各地区各部门结合实际认真贯彻落实。《指导意见》提出，健全教育人才评价体系，坚持立德树人，把教书育人作为教育人才评价的核心内容。①

《指导意见》指出："人才评价是人才发展体制机制的重要组成部分，是人才资源开发管理和使用的前提。""当前，我国人才评价机制仍存在分类评价不足、评价标准单一、评价手段趋同、评价社会化程度不高、用人主体自主权落实不够等突出问题，亟须通过深化改革加以解决。"《指导意见》还强调："要加快形成

---

① 中共中央办公厅、国务院办公厅：《关于分类推进人才评价机制改革的指导意见》，见中华人民共和国中央人民政府（http://www.gov.cn/zhengce/2018 - 02/26/content_5268965.htm, 2018 - 02 - 26）。

导向明确、精准科学、规范有序、竞争择优的科学化社会化市场化人才评价机制，建立与中国特色社会主义制度相适应的人才评价制度，努力形成人人渴望成才、人人努力成才、人人皆可成才、人人尽展其才的良好局面，使优秀人才脱颖而出。"

《指导意见》就分类健全人才评价标准，改进和创新人才评价方式，加快推进重点领域人才评价改革，健全完善人才评价管理服务制度等方面的工作提出了具体意见；就健全教育人才评价体系提出了明确要求，提出要坚持立德树人，把教书育人作为教育人才评价的核心内容；就适应中小学素质教育和课程改革新要求，建立充分体现中小学教师岗位特点的评价标准，重点评价其教育教学方法、教书育人工作业绩和一线实践经历，严禁简单用学生升学率和考试成绩评价中小学教师。

此外，《指导意见》还提出要保障和落实用人单位自主权。尊重用人单位主导作用，支持用人单位结合自身功能定位和发展方向评价人才，促进人才评价与培养、使用、激励等相衔接。合理界定和下放人才评价权限，推动具备条件的高校、科研院所及其他人才智力密集单位自主开展评价聘用（任）工作。防止人才评价行政化、"官本位"倾向，充分发挥学术委员会等组织的作用。

在人才评价方面，须完善人才评价制度。人才评价制度与教育质量评价制度是并行的，两者紧密相关。人才评价制度的建立是社会问题，也是教育问题。教育质量评价制度与人才评价制度的建立都会影响人才的培养，其结果会直接影响现实教育的实施，也会在社会中显现出来，反过来对教育产生极大的影响力。

科学界定人才的含义，是完善人才评价制度的基本的、重要的内容。《国家中长期人才发展规划纲要（2010—2020年）》中提出："人才是指具有一定的专业知识或专门技能，进行创造性劳动并对社会做出贡献的人，是人力资源中能力和素质较高的劳动者。"社会转型时期，经济发展方式改变，创新时代的人才必须满足时代发展的需求。对人才评价也须与时俱进，才能阐释精准。人才概念和人才评价的时代特征是鲜明的。

第一，人才必须具有创新精神。我国建设创新型社会，创新精神在中华民族文化中占重要位置，社会对人才创新精神的要求越来越高。在创新型社会中，人才必须具备专业知识、技术技能，同时，也要具有创新精神，将专业技能技术发挥到较高水准。

第二，我国社会人才众多，人才结构和层次丰富，形成了人才的概念及对人才评价的多元化。人才的概念在演变与更新。随着新兴产业的不断产生，落后的产业将被淘汰，新兴行业中必有人才脱颖而出，因此对人才的评价要与之相随。

第三，在社会迅速发展的时期，人才结构均衡的动态过程较为明显。人才类别多样性、多层次是社会人才结构均衡的需求。根据社会变化发展需求，我国不断调整和建立新的人才结构的均衡性。当前，我国已建立以高层次人才、高技能人才为重点的各类人才队伍。人们因专业知识和技术技能的不同，工作领域大相径庭，不同行业中产生出大量国家建设所需的人才。因此，我们对人才的评价应不因领域、行业的不同而受到影响。比如，现阶段我国正处于经济社会转型和迅速发展的关键时期，需要大量的职业技术技能人才，他们从事的职业在科学转为技术中必不可少，他们从事的行业也有技术技能的尖端领域，他们是高技能人才，也是社会所需要的重要人才，在目前来说仍是国家急需的人才。同理，社会发展需要众多的高素质劳动者，他们在社会建设中不可或缺，高素质劳动者是社会人才结构中的重要层次。劳动者的高素质需要经过长期的教育培训和实践的造就，需要社会为他们提供成长的环境。

第四，经济社会转型的特征对人才的实践能力提出了较高的要求。现代社会的人才应该是勇于实践的。勇于实践才能将先进的理念付诸实际，将理想的设计转变为现实，极大地发挥出专业潜能，为社会做出更大的贡献。

第五，随着社会和时代的发展，我国对人才的道德品质、意志品质和个性心理素质等方面的要求都有极大的提升。其中，对于人才的"德"的标准提到了较高位置。

总之，对人才要进行全面的评价，并且要将人才的专业技术水平与道德品质结合起来综合评价。重视对人才创新能力和实践能力的考查，纠正仅以一些简单数字判定是否是人才的偏差，使人才评价制度与时俱进。

此外，人才评价制度与教育评价制度应合理衔接，才会对人才成长产生极大的推动作用。社会对于人才的评价将判定教育质量的优劣以及教育的成败，促使教育不断调整自身的发展，将社会需求转化为教育的目标，从而科学实施人才培养。优质的教育必然为社会培养出更多的合格人才，其教育成果才能得到社会的认可和接纳，培养出的人才能得到相应的人才评价制度的肯定。只有教育评价及人才评价制度互相印证，才能培养出大量人才，使我国加速建成人力资源强国，从而成功实施人才战略，促进人才的成长，进而实现教育强国及人才强国的目标。

教育及人才评价制度需要正确的舆论引领。完善教育评价及人才评价制度，应避免其受到一些不良社会风气的影响。有些盛行一时的风气存在显性或隐性的偏差，对教育和人才成长都会产生一些误导。以各种简单的数字来衡量教育质量和人才的风气应予以摒弃。我国对教育的投入逐步加大，政府对教育质量和人才评价产生着引领作用。教育质量评价应从教育方针、办学宗旨、培养目标等方面进行衡量，从而形成正确的教育质量评价的舆论导向，建立起由政府组织的，有教育监督机构、学校、家长及社会多方面参与的教育质量评价和监督系统。同时，我们要建立人才评价制度，及时总结，发现问题，引导实践，提出科学的评价综合意见和建议。在社会上形成良好的教育质量评价和人才评价的风气，将加速完善教育质量、人才评价制度和机制。

参考文献

[1] 安富海. 信息技术与课程教学深度融合的限度及路径研究 [J]. 课程·教材·教法, 2018, 38 (3): 112-116, 125.

[2] 步进, 沈桂新. 分析教学"关键事件"促进教师专业发展 [J]. 中小学教师培训, 2019 (10): 18-21.

[3] 曹爱东. 成长自己 成就他人: 马塘小学青年教师研究组建设的思考与实践 [J]. 江苏教育研究, 2012 (23): 4-8.

[4] 陈华. 影响教师的"重要他人": 一个急需深入的研究领域 [J]. 青岛职业技术学院学报, 2018, 31 (5): 58-62.

[5] 陈艳. 论教师的职业幸福感 [C] //扬州大学教育科学学院. 当代教育评论 (第 10 辑). 扬州大学教育科学学院, 2020: 4.

[6] 崔海友. 构建以生活实践为主导的学校德育 [J]. 教育理论与实践, 2018, 38 (23): 23-24.

[7] 范军, 张玉娥. 以教学反思促进中青年教师专业化成长研究 [J]. 课程教育研究, 2020 (14): 201.

[8] 方道伦. 成就自己 成就他人 [C] //国家教师科研基金管理办公室. 国家教师科研专项基金科研成果 (十四). 国家教师科研基金管理办公室, 2017: 2.

[9] 房向阳, 张伟春, 刘永东, 等. 构筑交流平台 引领教师成长 [J]. 中国信息技术教育, 2009 (7): 7-11.

[10] 冯媛媛. 教师专业发展中教师职业兴趣研究 [D]. 南京: 南京师范大学, 2013.

[11] 龚少华. 基于专业自觉的教师成长实践 [J]. 创新人

才教育，2019（1）：12-14,19.

[12] 广东省基础教育第三期教育专家、名校长、名教师培养对象高级研修班积极开展教学活动［J］．现代教育论丛，2007（1）：31.

[13] 广东省中小学新一轮"百千万人才培养工程"［J］．人民教育，2020（C1）：2,130-133.

[14] 郭玉清．对中小学教师职业观的再认识［J］．新课程研究（下旬刊），2009（8）：12-14.

[15] 韩玉．德育的关怀：迈向教师的意义世界［D］．重庆：西南大学，2010.

[16] 何娟．基于学习共同体视角的中学青年教师培养研究［D］．南京：南京农业大学，2017.

[17] 何文平．实践性学习的研究［D］．成都：四川师范大学，2015.

[18] 黄佳锐，赖俊辰，黄铭钊．"百千万人才培养工程"助力乡村教师专业成长［J］．广东教育（综合版），2016（5）：16-19.

[19] 黄佳锐．"百千万人才培养工程"与省级中小学教师发展中心推进广东"强师工程"［J］．广东教育（综合版），2016（7）：6-7.

[20] 胡晓源．教师职业技能训练及培养模式的相关探讨［J］．佳木斯职业学院学报，2020,36（10）：187-188,193.

[21] 江伟英．"二元五次"教师跟岗培训模式探索［J］．课程教学研究，2015（5）：76-79.

[22] 蒋晓飞．成全他人＝成长自己［J］．江苏教育，2018（70）：36-37.

[23] 李勤．中小学青年教师专业化成长机制研究［D］．贵阳：贵州师范大学，2014.

[24] 李耀民. 西城教育研修网：构筑交流平台 引领教师成长 [J]. 北京教育（普教），2012（5）：37.

[25] 李弈霖. 在实践中学习：让社会工作成为学习的督导师 [J]. 亚太教育，2016（5）：262.

[26] 李照宾，汪洋，江嫣. 人尽其才，百事俱举：广东省中小学新一轮"百千万人才培养工程"的目标设计、实施进程及品牌故事 [J]. 中国教师，2013（16）：5.

[27] 栗波. 获得感：教师职业认同的时代建构 [J]. 教育理论与实践，2018，38（29）：36－38.

[28] 刘颖. 让反思成为教师自主发展的动力和源泉 [J]. 现代教育科学，2015（2）：92－93.

[29] 罗蕾，霍玉文. "专业荒芜"到"专业自觉"：教师专业发展之路探析 [J]. 中国成人教育，2017（7）：126－129.

[30] 马永全. 我国教师责任研究：回顾、反思与展望 [J]. 北京教育学院学报，2014，28（5）：5－9.

[31] 母中旭. 论专业自觉与教师个体专业化成长 [J]. 教学与管理，2017（27）：52－54.

[32] 欧阳忠明，任鑫. 行动学习：理论基础与实践 [J]. 河北大学成人教育学院学报，2015，17（4）：40－45.

[33] 彭婧婧. "民转公"教师生命历程研究 [D]. 上海：华东师范大学，2011.

[34] 彭琴. 教师工作室提升中学教师教研能力的策略研究 [D]. 广州：广州大学，2019.

[35] 郗瑞丽. 智慧学习环境下的教师学习共同体构建 [J]. 南昌师范学院学报，2019，40（2）：109－111.

[36] 邱海林. 以生本和谐为基础构建语文和谐课堂 [J]. 教育导刊，2012（7）：80－82.

[37] 邱榕基. 校长心中要装满爱的种子 [C]∥国家教师科

研基金管理办公室. 国家教师科研专项基金科研成果（五）. 国家教师科研基金管理办公室，2017：2.

[38] 任丽颖. 对教师职业及职业道德的再认识[J]. 赤峰学院学报（自然科学版），2011，27（10）：209-211.

[39] 容梅. 基于个性化学习需求的中小学教师研修模式的构建与实施[J]. 中国电化教育，2017（10）：89-95.

[40] 容梅. 科学取向的地理教学目标的编制[J]. 中学地理教学参考，2014（17）：23-25.

[41] 容梅. 科研自组织研究：背景、形态和特征：以广州市天河区校际跨学科科研团队建设为例[J]. 教育导刊，2012（9）：40-42.

[42] 撒兰应. 反思教学关键事件，促进中学教师的专业发展：以一位中学教师的关键事件为例[J]. 昭通学院学报，2019，41（3）：82-86.

[43] 省教育厅教师工作处. 实施教师培训"百千万"工程打造高素质专业化创新型教师队伍[J]. 青海教育，2019（9）：13-14.

[44] 宋峥. 统筹兼顾 美美与共："名师工作室"发展的实践与反思[C]//甘肃省兰州第一中学. 中学教育科研学术成果集（2020年第三季度）. 甘肃省兰州第一中学，2020：3.

[45] 苏悦. 教师职业角色定位与职业发展支持[C]//成都市陶行知研究会. 成都市陶行知研究会第六次"教育问题时习会"论文集. 成都市陶行知研究会，2019：6.

[46] 王栋. 教师行动学习研究[D]. 上海：上海师范大学，2013.

[47] 王建军. 基于生存论的教育意义研究[D]. 桂林：广西师范大学，2011.

[48] 王明平. 创新教师成长机制 促进教师自主发展[J].

青年教师,2005(4):41-44.

[49] 王同聚. 人工智能进入中小学的过去、现在和未来[J]. 今日教育,2020(C1):16-21.

[50] 王同聚. 走出创客教育误区与破解创客教育难题:以"智创空间"开展中小学创客教育为例[J]. 电化教育研究,2017,38(2):44-52.

[51] 王永固,聂瑕,王会军,等. "互联网+"名师工作室促进乡村教师专业发展:机制与策略[J]. 中国电化教育,2020(10):106-114.

[52] 王艳辉. 生命历程理论视域下中职名师成长研究[D]. 济宁:曲阜师范大学,2019.

[53] 王占伟. 重新定义名师工作室[N]. 中国教师报,2020-09-30(014).

[54] 校长需有领导力[J]. 河南教育(职成教),2019(3):3.

[55] 谢丽英. 名师工作室效能发挥的创新探索[J]. 才智,2020(21):72-73.

[56] 熊晓蕾. 从新手到熟手[D]. 成都:四川师范大学,2011.

[57] 徐汀潇. 教师专业成长中的关键事件[J]. 淮北职业技术学院学报,2018,17(4):35-37.

[58] 徐玉姣. 教师专业化成长的自我反思[D]. 苏州:苏州大学,2016.

[59] 徐雅枝子. 专家型教师成长研究[D]. 淮北:淮北师范大学,2018.

[60] 许茹萍. 教师发展中的"重要他人"研究[D]. 无锡:江南大学,2014.

[61] 薛小丽. 西方近现代兴趣教学思想研究[D]. 重庆:

西南大学,2008.

[62] 鄢少华. 反思性教学 [D]. 南昌:江西师范大学,2005.

[63] 杨东召. 优秀人才培养视域下教师责任感和使命感探究 [J]. 成才之路,2014(13):18-19.

[64] 阳柳平. 广东"三位一体"骨干教师培训模式的实效性研究 [D]. 湘潭:湖南科技大学,2017.

[65] 杨阳. 基础教育"百千万"人才培养工程部分优秀代表座谈会召开 [J]. 现代教育论丛,2007(4):7.

[66] 鱼霞. 教师成长:对"关键事件"的反思至关重要 [J]. 基础教育论坛,2013(26):42-43.

[67] 原庆琴. 在实践中学习 在教学中提高 [J]. 中国成人教育,2000(10):1.

[68] 张爱杰. 教师学习共同体的构建障碍及对策研究 [D]. 新乡:河南师范大学,2016.

[69] 支月蓉,刘跃辉. 新课标下教师角色定位思考 [J]. 才智,2015(10):142.

[70] 朱益明. 教师培训的教育学研究 [D]. 上海:华东师范大学,2004.

附 录

受访者简介
（按姓氏笔画排序）

王同聚 男，硕士学历，正高级教师，广州市教育信息中心（电教馆）教研员。广州市基础教育系统名教师，广东省中小学新一轮"百千万人才培训工程"第二批名教师培养对象实践导师，广州市基础教育新一轮"百千万人才培训工程"第二批名教师培养对象实践导师，全国十佳科技教师，全国杰出机器人教练，全国十佳机器人教练。提倡做中学、学中创、做教育创客。《智能机器人"学·做·创"教学模式的创新实践》获国家级教学成果奖二等奖、省级教学成果奖特等奖。

许昌良 男，硕士学历，正高级教师，江苏省特级教师，广州市华侨外国语学校校长。中国"新平民教育"的首倡者，全国科研型校长，江苏省人民教育家培养工程培养对象，江苏省"333"高层次人才培养对象，江苏省优秀教育工作者，江苏省师德模范，广州市基础教育杰出人才，广州市名校长工作室主持人。教育思想：为每一个孩子智慧而温暖的人生奠基，主张"新平民教育"，沉静语文。著有《新平民教育论纲》《沉静语文》《教师成长的秘密——漫步于校本培训的阡陌》。

江伟英 女，硕士学历，正高级教师，广东省特级教师，华南师范大学附属小学副校长。南粤优秀教育工作者，首批"广东特支计划"教学名师，入选"国家高层次人才特殊支持计划"

(又称"万人计划")教学名师。教育思想:导图导学,培养高阶思维。利用思维导图提高小学生读写能力的研究与实践,先后出版教育著作《释放语文学习的原动力》《图解语文》《导图导学——我的教育叙事》《思维导图画出好作文》,编写了《天生会表达》(全套13册)等多套帮助学生高效学习的书籍及90节导图导学线上课程。

吴向东 男,本科学历,正高级教师,广东省特级教师,深圳市龙岗区教研室教研员。全国中小学教师信息技术应用能力提升工程专家,广东省名教师,广东省中小学教师工作室主持人,教育部国培计划专家,鸢尾花(IRIS)项目发起人。提倡顺性化知的教育思想,推行简单朴实和数字化探究的教学风格。曾出版专著《数字时代的科学教育——鸢尾花(IRIS)数字化探究之旅》《批判性思维之动物分类》。

何勇 男,硕士学历,正高级教师,广东省特级教师,国务院政府特殊津贴人员,广州市执信中学校长。广东省"南粤教坛新秀",广东省南粤优秀教育工作者,广东省"百名优秀德育教师",广东省"师德建设先进个人",广州市基础教育系统名教师,广州市教育系统优秀共产党员,广州市十佳青年,广州市优秀教育者,第四届全国教育改革创新优秀校长奖。教育思想:还师生完整的教育生活。《高中创新人才培养的"元培计划"开发与实践》获2018年国家级教学成果奖(基础教育)二等奖。

何树声 男,本科学历,正高级教师,广东省特级教师,广州市名校长,原广州市第五中学校长。多次被评为广州市精神文明建设先进工作者、市级优秀教育工作者、优秀共产党员,记功表彰,主持的课题和撰写的论文在省、市、区屡屡获奖。办学思想:为了每一位师生的生命成长;教学思想:立足基础、能力至上、高效愉悦。出版学术专著《中学英语自主教育策略》《舞动于理想与现实之间:对教育理想与现实教育的思考和实践》。

邱榕基 男，硕士学历，高级教师，广州市流溪中学校长。南粤优秀教师，广东省名校长工作室指导专家，广州市名校长，广州市先进生产工作者，广州市优秀德育工作者。长期坚持教育第一线，践行现代教育理念，提出了"抓本质、促兴趣、给方法、重应用"的课堂教学指导方针；大胆创新，积极推进课程改革。最喜欢的教育格言是"有教无类，教学相长"。教育思想：传承孔子文化，培育现代君子。在国家、省、市各级刊物发表论文三十余篇，著有《求仁路上》。

邱海林 男，本科学历，正高级教师，广州市第二中学教师。广东省名教师工作室主持人，广东省"百千万人才培养工程"名教师培养对象，"广东特支计划"教学名师，广州市基础教育系统名教师，广州市学科高考研究组语文学科核心成员，曾获"广州市优秀教师""南粤优秀教师"等称号。教学思想：让学生因为我而爱上语文，严而不滞，活而不逸。《从序列到多维：高中作文有效教学体系的建构与实施》获 2019 年广东省教育教学成果奖（基础教育）一等奖。

陈洪义 男，本科学历，正高级教师，广东省特级教师，广州市增城区教师发展中心教研员。广东省名教师工作优秀主持人，广东省历史学科带头人，广东省中小学新一轮"百千万"名教师培养优秀学员，教育部"国培计划"高中历史骨干教师，曾获"全国特色教育优秀教师""市优秀教师"等称号。创立了情思德育、情思历史、情思教学、情思课程、情思教育。在《历史教学》《上海教育科研》《现代中小学教育》等刊物发表论文 100 多篇，出版著作 7 部。

陈兆兴 男，本科学历，正高级教师，广州市海珠区教育发展研究院院长、副书记。广州市优秀教师，广州市优秀教育工作者，广州市人民政府督学，广州市家长学校家庭教育讲师团成员，华南师范大学教师教育学部兼职教授，广州大学教师培训学院兼职教授，广东第二师范学院培训专家，广东第二师范学院网络教育学院培训专家，湖南第一师范学院培训专家，广州市基础教育系统新一轮"百千万人才培养工程"教育专家培养对象，广州教育家培养工程培养对象。2010 年 10 月举办"陈兆兴办学思想"研讨会，2014 年 10 月举办"陈兆兴幸福教育思想"研讨会。著有《我与孩子共成长》《我的幸福教育观》。

陈海燕 女，硕士学历，正高级教师，广州市海珠区教育发展研究院副院长。广州市名教师工作室主持人，广州市"百千万"教育专家培养对象，曾获"广州市优秀教师"等称号。提倡"适性·生长"教育，提出"学情分析，精准定标""优化内容，三学并进""适当拓展，能力迁移""及时检测，评价反馈"的四环节课堂教学模式，并在语文教学中进行了积极的实践探索。其"小学生阅读力培养的研究与实践"获广东省教学成果二等奖，著有《小学生阅读力培养的实践性研究》。

陈健 男，本科学历，正高级教师，海珠区实验小学教育集团总校长。广州市名校长工作室主持人，曾获"广州市优秀教育工作者""广州市优秀党务工作者"等称号。提倡"教育即服务"的教育思想，要使我们的教育在制度、目标、措施与方法层面真正做到"一切为了学生，为了一切学生，为了学生的一切"，真正做到"为了每位学生的未来，提供优质的教育服务"。著有《运动健康阳光》《主动发展，立德树人》。

郑贤 女，本科学历，正高级教师，广东省特级教师，广州市海珠区实验小学教师。曾获"全国五一劳动奖章"，以及"全国模范教师"、"国培计划"专家、"广东省劳动模范"、"广东省首批名教师"、"南粤教坛新秀"等荣誉称号。提倡"让爱沁入每一个孩子的心田，让每一个孩子都能不断自我超越"的教育理念及"优化课堂教学，提高教学效率，让每个学生都能得到长远的发展"的教学思想。出版教育著作《教育的真谛是爱》《玩转 3D

世界》《孩子王手记》。

林拱标 男，硕士学历，高级教师，广州市海珠区教育发展研究院书记、副院长。广东省第一批中小学幼儿园教师研训专家库委员，广州市第三批名教师，广东省中小学教师工作优秀主持人，曾获"广州市优秀教育工作者"称号。提倡"教学做合一"的教育思想。曾发表《中学生物教学中的批判性思维》《初中学校分层走班教学的思考》《走进中学生物学课堂的"微观"世界》《中学生物实验教学思想及教学策略的研究》等文章。

罗夕花 女，本科学历，正高级教师，广东省特级教师，广州市海珠区教育发展研究院教研员。广东省"南粤优秀教师"，广东省中小学新一轮"百千万人才培养工程"优秀学员，广州市基础教育系统"名教师"，首届"广州市小学语文十佳青年教师"，广州市优秀少先队辅导员。致力于单元模块整合教学的研究，研发"嵌入式阅读课程"，做课外阅读推广人。著有《小学语文单元模块整合教学研究》《鱼传尺素·鸿雁翩飞——一个小学语文教师的家校沟通》《语文阅读进阶之路——罗夕花谈单元模块整合教学》等。

容梅 女，本科学历，正高级教师，广州市第七十五中学教师。广州市青年岗位能手，广东省优秀网络督学，新媒体新技术教学优秀指导教师及模范教研员，曾任广州市天河区教育局教研室科研办主任，中国教育学会中小学信息技术教育专业委员会网络研究员，"全国中小学新媒体新技术教学应用研讨活动"专家委员会副主任，人民教育电子音像出版社"基于信息化学习方式的资源应用"课题专家。教育思想：教育是爱与美的发现之旅；教学理念：爱人如己。曾出版《走进4.0时代的人与技术》。

彭建平 正高级教师、博士生导师、国家特约督学，广州中学校长、党委书记。广州市名校长、广州市首批教育专家、广东省中小学名校长工作室主持人，广东省中小学校长联合会副会长、中国教育学会德育研究分会理事,华南师范大学和广州大学兼职教授,毕节市大方县教育顾问。曾获全国教育创新"十大杰出"校长、"全国优秀现代校长"、"广州市好校长"、"羊城最具教育智慧的教师"称号。出版《校长治校方略》《教育,让生命激扬生命》等著作,在《光明日报》等报刊发表《培养人才,应超越分数与升学率》等文章36篇。近年来领导师生开展"激扬生命教育"探索实践,办学业绩显著,在广东省内外产生了较大的影响,《中国教师报》《人民教育》等省内外多家媒体多次对其进行过专题报道。

贾国富 男,本科学历,正高级教师,广东省特级教师,广州市第八十六中学教师。中小学国家骨干教师,全国模范教师,南粤优秀教师。大胆创新,积极参加教育课题研究。在教学工作实践中,总结出"分组教学法"。主编《贾国富特级教师工作室文集——有志者来守望教育》,编著《贾国富教育诗画集——钟情教育 诗画人生》《贾国富个人教育文集——合一知行 与时俱进》《贾国富教育诗集——守望》,著《追梦,一个数学教师的四十年教育实践》《钟情教育漫耕耘 执着守望树新人——贾国富的四十载教育情怀之路》等。

崔海友 男,本科学历,正高级教师,广州市天河区教育局教研室主任。广州市名校长,天河区基础教育首批名校长,曾获"广州市优秀教育工作者""全国科研兴校先进工作者"等称号。担任广东省教育学会教育评价专业委员会常务理事、广东省高考研究会副理事长、广东省初等数学学会副会长。提倡和雅教育思想,"和合活力,动静雅趣"。主持多个全国教育科学规划课题和广东省教育科学十二五规划重点课题等。出版《和雅,向未来》《中外课程融合的模式研究》等多部教育教学著作。

袁闽湘 男,本科学历,高级教师,广州市白云区教育研究院院长、党总支书记。广东省教育督学,广州市名校长、广州教育家培养对象、广州市中学名校长工作室主持人，华南师范大学名校长/名教师讲堂"讲座教授"、华南师范大学教育学部兼职教授，白云区中小学校级后备干部培训项目实践导师，被华南师范大学基础教育培训与研究院聘为广州市首期卓越中学校长培养对象培训班实践导师、校长国培计划——边远贫困地区农村校长助力工程华南师范大学实践指导专家。承担国家、省、市各级课题"新高考背景下城乡接合部高中生生涯教育的实践研究""农村高中自主互助学习型课堂实施的研究""提高高中生学习适应性的行动研究""基于多元智能理论的学生潜能发展研究"，著有专著《爱是教育的灵魂》，着力实施课堂教学改革，建构了"生态课堂"教学范式。

温利广 男，本科学历，正高级教师，广东省特级教师，广州市花都区花东镇北兴初级中学教导处主任。广东特支计划教学名师，广州市名教师，广东省中小学教师工作室主持人，广州市基础教育教师培训教学专家和全国多所大学（学院）"国（省）培计划"项目教学专家或实践导师，曾获全国模范教师、全国中学化学基础教育实施新课程先进个人、教育部"国培计划"明星学员等荣誉。追求"有情""有趣""有效"的化学课堂教学。曾出版专著《初中化学研究性学习与环境教育整合》等。

蔺景峰 男，硕士学历，高级教师，广州市同和中学校长。秉承"以生为本"的教育理念，营造风清气正的校园氛围，努力打造一支师德品行高、教育视野宽、文化底蕴深、专业能力强的高素质教师队伍。在教育上提倡体验教育，即全面地感知、深刻地认识生活中真挚的爱、关心、理解、创造、发现、渴求和希望的真正含义。体验教育是一种全新的、重实践的教育概念，强调学生的主动探索精神，更注重学的过程，而不是结果。曾主编《英语教学理论与实践》《教育管理与科研文化》等。

名教师成长机制调查问卷

尊敬的校长/老师：

您好！为了探索名教师成长规律，为建立名教师成长机制提供参考依据，特对名教师成长的影响因素、成长路径、成长条件等进行调查。本调查结果仅供研究和决策使用，请您放心填写问卷，感谢您的支持。本次问卷将花费您大约5分钟的时间。

广州市海珠区教育发展研究院
名校长名教师成长机制研究团队

一、基本信息

1. 您的性别：男□ 女□
2. 您的年龄：20～30□ 31～40□ 41～50□ 50以上□
3. 您的学历：大专以下□ 大专□ 大学本科□ 研究生及以上□
4. 您的职称：无□ 三级教师□ 二级教师□ 一级教师□ 高级教师□ 正高级教师□
5. 您的身份：教研人员□ 行政管理人员□ 一线教师□ 校长□ 其他□
6. 您的单位所属：省属□ 市属□ 区属（县属）□ 镇属□ 其他□
7. 您拥有的称号：特级教师□ 南粤优秀教师□ 特支计划□ 万人计划□ 名教师□ 骨干教师□ 其他□

二、问卷内容（填写说明：本部分包含内容为名教师的影响因素、成长条件等。每一问题共有5个选项，分别是非常不重要、不重要、一般、重要、非常重要，您只需要选择符合您实际情况的就可以了，选中的写√。答案没有对错之分。）

1. 做个好教师的职业理想
非常不重要□ 不重要□ 一般□ 重要□ 非常重要□
2. 追求卓越的内在动力
非常不重要□ 不重要□ 一般□ 重要□ 非常重要□
3. 具有清晰的职业发展目标
非常不重要□ 不重要□ 一般□ 重要□ 非常重要□
4. 不断进行自我职业调整和适应
非常不重要□ 不重要□ 一般□ 重要□ 非常重要□
5. 自我对于教师职业的热爱和坚持
非常不重要□ 不重要□ 一般□ 重要□ 非常重要□
6. 不断努力形成和践行自己的教育理解和思想
非常不重要□ 不重要□ 一般□ 重要□ 非常重要□
7. 领导者的支持
非常不重要□ 不重要□ 一般□ 重要□ 非常重要□
8. 学习同伴的互相帮助
非常不重要□ 不重要□ 一般□ 重要□ 非常重要□
9. 引领自己成长的导师
非常不重要□ 不重要□ 一般□ 重要□ 非常重要□
10. 给予自己正向影响的重要他人
非常不重要□ 不重要□ 一般□ 重要□ 非常重要□
11. 激励积极成长的环境
非常不重要□ 不重要□ 一般□ 重要□ 非常重要□
12. 针对性的培训
非常不重要□ 不重要□ 一般□ 重要□ 非常重要□
13. 个性化的指导
非常不重要□ 不重要□ 一般□ 重要□ 非常重要□
14. 名师发展政策上的支持
非常不重要□ 不重要□ 一般□ 重要□ 非常重要□

15. 教师发展经费上的支持

非常不重要□ 不重要□ 一般□ 重要□ 非常重要□

16. 先进信息技术的运用

非常不重要□ 不重要□ 一般□ 重要□ 非常重要□

17. 完善教学设备的配备

非常不重要□ 不重要□ 一般□ 重要□ 非常重要□

18. 教师成长的评估

非常不重要□ 不重要□ 一般□ 重要□ 非常重要□

19. 名教师成长的压力

非常不重要□ 不重要□ 一般□ 重要□ 非常重要□

三、请把您认为排在前三位的影响因素列出来（请标上序号）

四、您认为还有其他因素和条件影响名教师成长吗？

名校长成长机制调查问卷

尊敬的校长：

您好！为了探索名校长成长规律，为建立名校长成长机制提供参考依据，特对名校长成长的影响因素、成长路径、成长条件等进行调查。本调查结果仅供研究和决策使用，请您放心填写问卷，感谢您的支持。本次问卷将花费您大约5分钟的时间。

广州市海珠区教育发展研究院
名校长名教师成长机制研究团队

一、基本信息

1. 您的性别：男□ 女□
2. 您的年龄：20～30□ 31～40□ 41～50□ 50以上□
3. 您的学历：大专以下□ 大专□ 大学本科□ 研究生及以上□
4. 您的职称：无□ 三级教师□ 二级教师□ 一级教师□ 高级教师□ 正高级教师□
5. 您担任校长年限：5年以下□ 6～10年□ 11～15年□ 15年以上□
6. 您的单位所属：省属□ 市属□ 区属（县属）□ 镇属□ 其他□
7. 您拥有的称号：名校长□ 卓越校长□ 其他□
8. 您成长的关键词有哪几个？
天赋□ 机遇□ 能力□ 信念□ 培训□ 他人帮助□ 其他□

二、问卷内容（填写说明：本部分包含内容为名校长的影响因素、成长条件等。每一问题共有5个选项，分别是非常不重要、不重要、一般、重要、非常重要，您只需要选择符合您实际情况的就可以了，选中的写√。答案没有对错之分。）

1. 做个好校长的职业理想
非常不重要☐ 不重要☐ 一般☐ 重要☐ 非常重要☐
2. 主动进取的职业精神
非常不重要☐ 不重要☐ 一般☐ 重要☐ 非常重要☐
3. 追求卓越的内在动力
非常不重要☐ 不重要☐ 一般☐ 重要☐ 非常重要☐
4. 具有清晰的职业发展目标
非常不重要☐ 不重要☐ 一般☐ 重要☐ 非常重要☐
5. 不断进行自我职业调整和适应
非常不重要☐ 不重要☐ 一般☐ 重要☐ 非常重要☐
6. 自我对于教育的热爱和坚持
非常不重要☐ 不重要☐ 一般☐ 重要☐ 非常重要☐
7. 不断努力形成和践行自己的办学思想
非常不重要☐ 不重要☐ 一般☐ 重要☐ 非常重要☐
8. 领导者的支持
非常不重要☐ 不重要☐ 一般☐ 重要☐ 非常重要☐
9. 学习同伴的互相帮助
非常不重要☐ 不重要☐ 一般☐ 重要☐ 非常重要☐
10. 引领自己成长的导师
非常不重要☐ 不重要☐ 一般☐ 重要☐ 非常重要☐
11. 给予自己正向影响的重要他人（包括学生、教师等）
非常不重要☐ 不重要☐ 一般☐ 重要☐ 非常重要☐
12. 具有共同愿景与目标的工作团队
非常不重要☐ 不重要☐ 一般☐ 重要☐ 非常重要☐
13. 激励自己积极成长的环境
非常不重要☐ 不重要☐ 一般☐ 重要☐ 非常重要☐
14. 针对性的培训
非常不重要☐ 不重要☐ 一般☐ 重要☐ 非常重要☐

15．个性化的指导
非常不重要□ 不重要□ 一般□ 重要□ 非常重要□
16．校长专业发展政策上的支持
非常不重要□ 不重要□ 一般□ 重要□ 非常重要□
17．校长发展经费上的支持
非常不重要□ 不重要□ 一般□ 重要□ 非常重要□
18．校长薪酬待遇
非常不重要□ 不重要□ 一般□ 重要□ 非常重要□
19．校长成长的评估
非常不重要□ 不重要□ 一般□ 重要□ 非常重要□
20．校长成长的压力
非常不重要□ 不重要□ 一般□ 重要□ 非常重要□

三、请把您认为排在前三位的影响因素列出来（请标上序号）

四、您认为还有其他因素和条件影响名校长成长吗？